한국형
사회책임투자

# 한국형 사회책임투자

지은이 류영재
기획  서정 콘텐츠 에이전시
펴낸이 정애주

편집  송승호 이현주 한미영 황교진 김기민 김준표 오은숙 유진실
미술  김진성 문정인 송하현 최혜영
제작  윤태웅
영업  오민택 차길환 국효숙 이진영 박상신
관리  이남진
총무  정희자 마명진 김은오

펴낸날 2010. 12. 17. 초판 1쇄 인쇄
    2010. 12. 23. 초판 1쇄 발행

펴낸곳 주식회사 홍성사
1977. 8. 1. 등록 / 제1-499호
121-897 서울시 마포구 합정동 369-43
TEL. 02) 333-5161  FAX. 02) 333-5165
http://www.hsbooks.com  E-mail: hsbooks@hsbooks.com



ISBN 978-89-365-0843-2

값 13,000원  ※잘못된 책은 바꿔 드립니다.

# 한국형 사회책임투자

사회책임투자

한국형

류영재 지음

홍성사

'망치를 든 남자'이기보다 '꽃을 든 남자',

카지노 자본주의를 사회책임 자본주의로


프랑스의 철학자 미셸 푸코는 "철학은 망치로 한다"고 했다. 류영재 씨를 보면 "증권투자는 망치로 한다"고 생각될 때가 있다. 낡은 사상의 도그마를 깨기 위해 철학이 망치를 들어야 하는 것처럼 증권투자 역시 상생적이고 지속가능한 투자의 세계로 가기 위해, 과거의 상극적이고 지속불가능한 투기의 세계를 깨야 하고 그러기 위해서는 망치를 들어야 하는 것이다.

류영재 씨는 10여 년 전 한국 증권계의 젊은 스타로 촉망받았다. 그러나 정작 본인은 깊은 회의에 빠져 고민하다가 홀연히 영국 유학길에 올랐다. 그리고 사회책임투자를 만나 이 방면의 연구에 매달렸다. 그는 마치 알을 까고 나와 밝고 넓은 세계를 본 느낌이었다고 한다.

전통적 투자에서 사회책임투자로의 전환은 이미 류영재 씨가 공역한 러셀 스팍스가 쓴 《사회책임투자》의 부제처럼 증권투자에서 '세계적 혁명'이다. 그것은 사회책임경영, 사회책임소비 등과 연계되어 현대 자본주의의 새로운 진화를 추진하는 바람이 되고 있다. 귀국 후 그는 국내에 사회책임투자의 물길을 열며 그 중심에서 활동하고 있다. 한국사회투자포럼 창립에 앞장서 한국사회책임투자 연구소장을 맡았고, 사회책임투자 자문회사 '서스틴베스트'를 창립하여 비약적인 발전을 거듭하고 있다.

그는 사회책임투자의 이론과 실무 양면에서 전력투구하며 기회 있을 때마다 많은 칼럼을 썼다. 그 칼럼들을 모아 이번에 책으로 출간하게 된 것을 누구보다도 기쁘게 생각한다. 최신의 이론적 조류를 흡수하면서 현장에서 실천하고 고민하며 성찰한 흔적이 생생한 역저力著다.

나는 카지노 자본주의에서 사회책임 자본주의로 전환하는 것을, 경제의 겨울에서 봄으로 바뀌는 의미로 생각한다. 봄바람은, 어둡고 차가운 카지노 자본주의 세계에는 파괴의 망치지만, 초목에게는 꽃을 피우는 창조의 바람이다. 그러므로 이 책의 저자 류영재 씨는 '망치를 든 남자'이기보다 '꽃을 든 남자'라고 할 수 있다.

이 책은 저자가 들고 있는 망치이기도 하고 꽃이기도 하다. 그의 온화한 성격과 음악을 사랑하는 취향을 보면 꽃과 같고, 원칙을 중시하며 타협하지 않는 곧은 의지와 행동을 보면 망치 같기도 하다. 꽃 같기도 하고 망치 같기도 한 《한국형 사회책임투자》의 출간을 함께 기뻐하며 널리 추천하는 바다.

**김영호**_유한대학교 총장<br>
한국사회책임투자포럼 이사장·전 산업자원부장관

기업의 지속가능한 발전을 유도하는
새로운 가치철학, 사회책임투자


가끔씩 주변의 많은 것들이 무한정 우리 곁에 있을 수 있을까 하는 의
문을 가져 본다. 내 소중한 가족들, 직장, 사회, 국가 그리고 우리를 둘러
싸고 있는 자연의 아름다움까지, 주변의 소중한 것들은 모두 유한한 존재
다. 그러면 우리가 살고 있는 현재의 여유로움과 풍족함은 어떻게 지켜 갈
수 있을까?


사회책임투자SRI, Socially Responsible Investment의 이론적 배경도 우리가 현재 살
고 있는 사회라는 터전이 무한정 우리 곁에 있지 않다는 생각에서 시작했
다. 자본을 가진 주체들이 이윤만을 목적으로 하는 것이 아니라 사회적·환

경적·기업지배구조적 측면까지 고려하여 기업의 지속가능한 발전을 유도하는 새로운 가치철학으로 발전시킨 것이다.

증권 전문가로 오랫동안 일해 온 류영재 대표가 영국에서 경험한 사회책임투자에 대한 이론과 사례들을 정리한 이 책은 사회책임투자의 가치와 필요성을 잘 설명해 준다. 동시에 기업과 자본의 따뜻한 동행을 바라는 저자의 경제관이 잘 드러나 있으며, 사회책임투자의 역사를 이해함과 동시에 경영 현장에서 깊이 음미해 볼 만한 귀중한 사례와 훌륭한 조언들이 담겨 있다.

이 책은 사회책임투자에 생소한 일반인도 쉽게 이해할 수 있을 뿐만 아니라 윤리경영, 환경경영, 지속가능경영을 추진해야 하는 CEO와 기업체 간부들이 반드시 읽어 보아야 할 충실한 내용으로 채워져 있다. '바쁘게 살아가는 일상 속에서 현재의 넉넉함이야말로 미래의 어떤 세대로부터 빌려온 것'이라는 저자의 언급처럼, 이 책이 사회책임투자를 더욱 활성화하는 경영환경을 유도할 수 있기를 기대한다.

윤용로 _IBK기업은행장

'적정 이익'보다 '이익의 질적 성격'을

'큰 이익'보다 '좋은 이익'을

런던에서 살다가 한국으로 이사한 지 몇 달이나 지났을까? 당시 초등학교 4학년이던 둘째 딸아이가 어느 날 심드렁한 표정으로 내게 물었다.

"아빠, 왜 한국 친구들은 우리 아파트 평수를 궁금해 하지? 그리고 아빠 차가 뭔지도 내게 맨날 물어봐."

둘째의 말을 접한 순간, 나는 둔탁한 용기로 뒤통수를 한 대 얻어맞은 느낌이 들었다. "한국 아이들이 아파트 평수에 따라 친구관계를 맺는다"는 말이 단순한 소문이 아닌, 21세기 대한민국 아이들 사이에서 실제로 벌어지고 있는 사실임을 확인한 순간이었기 때문이다. 흔히 '아이들은 부모의 거울'이라고 말한다. 부연하자면 아이들의 생각과 가치관은 부모의 '생각주

물'에 맞춰 동일하게 구조화되고 형상화됨을 뜻한다. 따라서 나는 요즘 아이들의 물질만능적 생각은 21세기를 사는 대한민국 부모들의 모습을 고스란히 판박이한 것이라는 가설을 세우게 됐다.

그리고 또 몇 해가 지났을까? 사회책임투자 자문회사를 차린 지 얼마 안 돼, 나는 기독교 8개 교단연금협의회 자금운용 관계자분들과 사회책임투자에 대해 이야기할 기회가 있었다. 그분들은 대부분 목사님 아니면 장로님들이었다. 그분들 앞에서 나는, 크리스천들이 기독교 기금 조성이나 투자를 해야 할 때에는 성경의 원칙에 따라 투자해야 한다고 설교 아닌 설교 말씀을 드렸다. 그렇지 않으면 '신앙 따로, 생활 따로'가 되는 것이라고 말했다. 그런 '따로 국밥'식 신앙 때문에 한국 교회가, 아니 한국 크리스천들이 지탄의 대상이 되고 있다는 말도 덧붙였다. 그러나 반응은 싸늘했다.

"K랜드라는 카지노회사 주식이 잘만 오르더구먼. 술 회사, 담배 회사의 수익성이 높은데 그런 주식들을 빼고 어떻게 운용할 수 있겠는가?"

한 장로님의 즉각적인 응답이었다. 그런 회사들에 투자하게 되면 결과적으로 카지노, 주류산업, 담배 산업을 자본시장을 통해 지원하는 행위와 다름없다고 반복하여 설명했지만, 나와 그분들의 대화는 거기까지였다.


그날 집으로 돌아오는 차안에서 나는 앞서 내가 세웠던 가설이 단순한 가설이 아니었음을 확인할 수 있었다. 한국 사회를 특징화할 수 있는 하나의 사회학적 이론으로 입론할 수도 있을 것만 같았다. 즉 우리나라를 지배하는 핵심가치 중 하나는 다름 아닌 '돈'이라는 확신을 갖게 되었기 때문이다. 신앙적·정신적 가치를 추구하는 교회의 지도자나 성직자들도 '돈만 되면 오케이'라고 하는 판에 다른 세속의 직업 종사자들이야 오죽하랴! 따라서 이런 어른들의 영향을 받은 아이들이 대형 아파트에 사는 아이들끼리, 임대아파트에 사는 아이들끼리, 주상복합에 사는 아이들끼리 그들만의 리그를 만드는 것은 어쩌면 당연한 귀결이 아니겠는가!

그렇지만 문제는 여기서 단순하게 끝나지 않는다. 돈에 대한 사회적 통념과 의식은 그 사회의 모습을 어느 정도 규정하고 있기 때문이다. 사실 사람들에게 일상적 삶이란 돈과 매우 긴밀한 연관성을 맺고 있다. 어찌 보면 일상에서 우리는 돈과 관련된 의사결정 속에 던져져 있다 해도 과언이 아니다. 샐러리맨이나 사업가들은 그들 삶의 현장에서 시시각각 돈의 집행, 소비, 차용, 창출, 투자, 저축 등의 행위와 직간접적으로 연관된다. 그 밖의 사람들도 일상 속에서 돈을 어떻게 쓸 것인가, 빌릴 것인가, 혹시 여유자금이 생긴다면 어떻게 불려 나갈 것인가 등의 문제와 자주 맞닥뜨린다. 그리고 이러한 돈과 관련된 사람들의 의사결정들이 합쳐져서 경제 시스템이 작동되는 것이다.

예를 들어 보자. 대다수 소비자들이 친환경 제품을 선호한다면 당연히 그것은 하나의 시장을 형성하고, 기업들은 그 시장으로 인한 필요와 수요에 따를 수밖에 없다. 결과적으로 국내 제품의 친환경성 수준은 높아지고, 소비와 생산의 친환경 선순환 구조가 형성되는 것이다. 또 주식시장 참여자들이 투자 대상을 선택할 때 깨끗한 회사를 선호한다면, 상장회사들은 보다 투명한 회계장부를 유지하려고 노력할 것이다. 또한 장기투자 기관들이 대기업의 상생 경영 수준을 투자분석에 반영하려 한다면, 굳이 국가 최고 권력자가 나서지 않아도 기업들은 협력관계를 맺고 있는 중소기업들과 상생하려고 노력한다. 왜냐하면 투자자들은 자본금과 운전자금을, 소비자들은 매출액을 제공함으로써 기업의 생존을 가능케 하는 핵심 이해관계자들이기 때문이다. 만일 그렇지 않고, 기업이 어떤 제품을 생산하든 어떤 생산과정을 거치든 상관없이 싼 물건이면 최고라는 생각이나, 하청업체들을 마구 쥐어짜도 이익만 많이 내면 투자한다는 생각이 그 사회의 경제논리를 지배하면, 돈을 매개로 한 사회의 선순환구조는 기대난망이다. 따라서 그러한 사회는 '천민자본주의'라는 라벨을 떼거나 그 굴레에서 벗어나기 힘들 것이다.

우리 사회는 지난 50여 년 동안 급속한 경제성장 과정을 밟아왔다. 그 과정에서 얻은 것이 참 많다. 부정할 수 없는 사실이다. 무엇보다 한국전쟁 이후의 폐허를 딛고, 세계 최빈국의 궁핍함을 우리는 자랑스럽게 극복해 냈다. 그 과정은 전 세계의 주목과 찬사를 받기에 충분했다. 그러나 그 찬사에 도취해 머무른다면 대한민국답지 않다. 해방 이후 이제까지가 생존의 법칙하에 '최대 이익' 혹은 '이익의 양적 크기'를 추구했다면, 이제부터는 '적정 이익' 혹은 '이익의 질적 성격'도 고려해야 한다. 다시 말하자면, '큰 이익Big Profit'보다 '좋은 이익Good Profit'이 우선시 되는 그런 국민경제를 만들어야 한다. 보다 성숙한 경제로 진전시키는 것이 필요하다. 그 지점에서 대한민국의 미래 희망이 자랄 수 있다. 이런 미래가 하루 속히 와야, 우리 아이들이 그까짓 아파트 평수 따위를 갖고 친구를 결정하는 그런 슬픈 희극이 사라질 것이다. 사회책임투자는 이처럼 건강한 경제를 향한 선순환의 출발점이자 천민자본주의의 엉킨 실타래를 푸는 모멘텀이 되리라고 감히 믿는다.

2010년 12월

류영재

투자의 우상과 이성 — 전환시대의 투자 원칙


우상의 시대에서 이성을 말하면 때로 큰 손실을 감수해야만 했다. 독재의 우상이 횡행할 때 민주적 이성은 축출과 제거의 대상이 되었다. 종교적 우상이 사회를 지배할 때는 어떤 과학과 합리도 바로 서기 힘들다. 물질의 우상, 민족주의의 우상 등이 사회에 만연하면 정신적 가치와 열린 민족주의는 소외될 수밖에 없다. 우상이 갖는 섬뜩한 주술성과 호소력은 번식력을 재생산하기에 그렇다. 이러한 주장이 가설이 아님은 역사를 복기해 보면 알 수 있다. 그러나 우상은 제1자적 입장이 아닌 제3자적 관점에 설 때 더욱 선연히 보인다. 내재적으로 들어가면 우상의 최면 상태를 극복하기 어렵기 때문이다. 따라서 문제는 과거의 우상, 타자의 우상이 아니라 현재 우리를 둘러싼 우리의 우상을 직시하는 것이다.

투자에도 우상은 존재한다. 기대와 현실의 괴리가 크면 클수록 그곳은 우상의 소굴이 된다. 단판 승부로 일확천금을 거머쥔 사례가 대단한 무용담처럼 회자되는 사회도 우상의 온상지가 된다. 술수와 술책이 상식처럼 만연한 사회, 반칙과 편법이 다반사로 통하는 사회에서도 우상은 터를 잡는다. 이렇게 되면 사람들은 대개 혹세무민의 양법禳法에 일희일비하며 마법의 신묘함을 추종한다. 현실 가능한 목표보다는 유토피아적 몽상에 압도당한다. 규칙성보다는 불규칙적 일탈을 추구한다. 이러한 지점에서 투자의 이성과 합리는 설 자리를 잃기 십상이다. 이런 상황에서 투기는 투자를 구축驅逐한다. 슬그머니 투기와 투자가 동일시되기도 한다. 그러나 투기와 투자는 완전히 다른 말이다.

워렌 버핏Warren Buffet의 스승 벤저민 그레이엄Benjamin Graham은 말한다.

투자는 철저한 조사 분석을 통하여 투자 원금의 안정성이 보장되고 만족할 만한 수익이 예상되는 대상에 자금을 투여하는 것이다. 이외의 모든 활동은 투자가 아닌 바로 투기다.

증권시장에는 시장 분석가들이 곤욕을 치르는 일이 비일비재하다. 결정적인 순간마다 그들이 예측한 지수와 실제 지수가 정반대로 움직이기 때문이다. 그 분석가가 유명할수록 결정적인 순간에 그들 예측의 정확도는 반비례하기 십상이다. 그때마다 시장 참여자들은 그들을 혹독하게 힐난한다. 그들은 불면의 날을 보내다, 마침내 자신의 견해를 수정한다. 그러나 그들이 견해를 바꾸는 순간 시장은 또 다시 정반대 방향으로 움직인다. 마치 장난이라도 치듯, 분석가들을 조롱하기라도 하듯 말이다. 그러나 장난치고 조롱하는 것이 아니라 애초부터 불가능한 영역을 직업으로 택한 그들이 문제다. 결론부터 말하자면 단기 시장지수에 대한 예측은 불가능하다. 그것은 인간의 영역이 아니다. 만물의 이치를 꿰뚫는 초인이 등장하거나 영화 속의 슈퍼맨이 현실 속에 등장한다면 모를까. 더군다나 분석 기간이 짧을수록 예측 불가능의 정도가 급격히 올라간다. 주가를 움직이는 변수가 복잡다기할뿐더러 예측할 수 없을 정도로 돌출적인 까닭이다.

흔히 이코노미스트들은 이러한 지수 예측을 위해 모델링을 한다. 즉 주가지수에 영향을 미칠 법한 가능한 변수들을 추출하고 더 중요한 것과 덜 중요한 것을 모아 모델을 설계한다. 이 모델은 간단하면서도 포괄적이어야 하고 무엇보다도 실제 현상을 잘 설명하고 예측할 수 있어야 한다. 그러나 이러한 작업이 불가능한 이유는 경제변수들의 자기운동성 때문이다. 예컨대 신장수술을 하는 외과 의사를 상상해 보자. X-Ray 결과 신장의 위치가 결장結腸으로부터 3cm 아래쯤에 위치한다는 것을 파악했다. 그러나 의사가 막 절개한 순간 신장이 슬그머니 위치를 바꾸어 버렸다고 생각해 보라!(이승환 옮김,《죽은 경제학자의 살아 있는 아이디어》) 이코노미스트나 시장 전략가들의 고충은 바로 여기에 있다.


다시 주식투자의 시대가 오는 듯하다. 영미식의 직접금융 패러다임을 그대로 따라가는 판이니 어찌 보면 당연한 현상일 수 있다. 그러나 이 시점에서 한 가지 꼭 짚을 것이 있다. 이젠 우리도 우상적 투기에서 이성적 투자로 변화해야 한다는 점이다. 단기 변동성에 일희일비하며 단기매매차익에 목숨을 거는 투기에서, 길게 보고 뚜벅뚜벅 제 길을 가는 투자로 바뀌어야 한다는 말이다.

그러나 우상의 시대와 단절하기 위해서는 극복해야 할 과제들이 많다. 무엇보다 증권회사들이 양산하고 언론이 유포하며 사설 정보회사들이 전하는 시황전망, 매매전략, 단기지수 예측 등의 주술적 선동으로부터 멀어지는 것이다. 그보다는 무미건조하지만 기업의 재무, 비재무적 가치에 근거한 사회책임투자의 장기투자 문화에 흠뻑 빠져야 할 것이다. 이것이 우상을 이성으로 탈바꿈해 줄 전환시대의 투자논리다.

나는 이 책에서 전환시대에 걸맞은 새로운 투자법에 대해 이야기하고자 한다. 여기서 말하는 전환시대란 '상극'에서 '상생'의 시대로, '독선'과 '독주'에서 '화합'과 '타협'의 시대로, 그리고 무엇보다 '지속 불가능성'에서 '지속가능성'으로의 대전환을 말한다. 이러한 패러다임의 대변혁에 맞게 투자 또한 조응하며 발전해야 한다. 그렇지 아니할 때 투자 영역은 본래의 역할을 벗어나 사회와 경제의 큰 짐이 되고 허물이 된다.

불과 몇 년 전에 겪었던 금융위기는 탐욕적 금융 패러다임에 대한 매우 생생하고도 확실한 반면교사다. 금융자본이 상생의 패러다임을 자각하지 못하고, 그들만의 보너스와 머니 게임의 논리에 취해 독선적 경주를 거듭한 결과, 사회와 경제는 단절과 재앙에 직면했다. 이 모두 전환시대의 논리에서 크게 일탈한 까닭이다.

따라서 전환시대에는 투자자 스스로의 자기성찰이 더더욱 필요하다. 투자자들도 투자 대상 기업의 책임성Responsibility만 평가할 것이 아니라 스스로의 책임성에 더욱 엄격한 잣대를 들이대야 한다. 투자 대상 기업에 요구하는 이상의 엄격한 자기 책임성을 스스로에게도 요구해야 한다. 그렇지 아니할 때, '똥 묻은 개가 겨 묻은 개 나무라는' 희극적 상황이 벌어질 수 있음을 알아야 한다. 사회책임투자는 이러한 일탈을 복원해 주고 자기 성찰의 단초를 제공하며, 상생의 경제, 화합의 경제, 합리의 경제에 모멘텀을 불어넣을 것이라고 나는 믿는다.

이 믿음은 내 치열했지만 처연했던 증권회사 경험으로 돌아볼 때 더욱 확고하다. 나는 증권회사에서 14년 동안 일했다. 1980년대 후반 미증유의 자본시장 활황 속에서 청운의 꿈을 안고 주위의 부러운 시선 속에 증권업계에 투신했다. 자본시장의 첨병임을 자임하는 한 행복했기에 어느 증권맨 못지않게 열심히 분석하고 탐방하고 세일즈하고 투자했다. 그 결과 이른 나이에 핵심 지점의 지점장을 맡기도 했고, 업계 최고 수익률과 실적도 올린 바 있다.

그러나 거기까지였다. 2000년 초, 내가 근무하던 회사가 판매하며 당시 공전의 히트를 기록했던 한 펀드의 불공정 시세조정, 그리고 연이은 회장의 구속 사건을 접하는 순간까지 말이다. 내 젊음의 자부심은 그냥 허물어져 내렸다. 오히려 나도 그 사건의 공범이라는 죄책감에서 자유롭지 못했다. 그 펀드의 가입자뿐만 아니라 사회에 대해 일종의 범죄 행위를 저질렀다는 죄책감 말이다. 그 사건 이후 나는 회사의 강한 만류를 뿌리치고 영국 유학길에 올랐다. 그것은 몸의 한 부분을 잘라내는 것 같이 고통스러운 일이었지만 나는 감수할 수밖에 없었다.

집착했던 중요한 것을 버리고 나니 더 중요한 가치에 눈이 열렸다. 런던에서 우연찮게 사회책임투자를 만나게 된 것이다. 영국 연금펀드의 사회책임투자를 독려하는 연금법 개정, 그와 관련된 신문기사들을 접하면서 투자에도 돈의 가치만이 아니라 사회적·환경적 가치도 동시에 고려되어야 한다는 사회책임투자의 대원칙을 만나게 되었다. 그것은 그 이전까지의 내 투자관을 완전히 바꿔놓았다. 실로 알을 깨고 나온 순간이었다. 그 순간, 내 앞의 세상은 밝고 넓게만 보였고, 뒤를 돌아보니 어둡고 답답하고 좁게 느껴질 뿐이었다. 알을 깨고 드넓은 대지로 나온 자만이 향유할 수 있는 특권과 구별된 가치 위에 내가 서 있는 것 같았다.

　국내로 돌아와 나는 '서스틴베스트'라는 회사를 설립하여 사회책임투자 일을 하고 있다. 이 일은 단순한 직업을 넘어 내게 또 다른 의미를 주었다. 그것은 내가 의도하지 않았지만 연루되었던 그 공범 행각에 대해 스스로 속죄의 제단을 쌓는 일이기도 하기 때문이다. 우리 사회를 위해 꼭 필요한 일을 시작하고 있다는 생각으로 충일할 때면 과거로부터 마음이 자유롭고 스스로 위안이 되었다.

　이 책은 사회책임투자 일을 하는 과정에서 내가 느낀 생각들의 집적물이다. 지난 몇 해 동안 〈머니투데이〉의 '쿨머니-멋진 돈 좋은 자본'에 기고했던 칼럼들을 뼈대로 해서 다시 엮은 글이기도 하다. 그러나 내 알량한 경험과 과문함에서 비롯한 것이기에, 혹여 독자 여러분께 혼선을 일으키진 않을까 염려된다. 부족한 부분에 대해 지적하고 꾸짖어 주시면 후일 과제로 삼아 충실히 보완할 것을 감히 약속드린다.

　이 책을 기꺼이 출간해 준 홍성사, 가까운 지인들과 회사 식구들, 특히 사랑하는 가족에게 감사의 마음을 보낸다.

　이제 사회책임투자로의 항해를 시작한다.

## 5장 ——— 의결권은 자산이다



## 6장 ——— 사회책임투자의 실천가들

1
–

# 사회책임투자란 무엇인가

**사회책임투자의 개념과 역사** 사회책임투자 개념에 대한 다양한 해석들 – 장님 코끼리 만지기에서 퍼즐 맞추기로 / 사회책임투자의 선구자 존 웨슬리, 그가 던진 메시지 / 사회책임투자가 걸어온 길 – '주변부'에서 '중심부'로 이행 **공존과 상생의 투자** 자본과 노동의 매개체인 사회책임투자 / 사회책임투자의 키워드, '다양성 존중하기' **사회책임투자는 좋은 투자** 패스트푸드 투자와 가정식家庭食 투자 / 사회책임투자의 다른 이름, 원칙투자 – 이해관계 및 주관성 상충의 극복 방안

# 사회책임투자의
# 개념과
# 역사

## 사회책임투자 개념에 대한 다양한 해석들

### | 장님 코끼리 만지기에서 퍼즐 맞추기로

앞 못 보는 사람들 여럿이 모인 곳에서 말싸움이 붙었다. 각자 알고 있는 코끼리의 모습을 얘기하는 자리였다. 코를 만진 사람은 둥그런 호스 같다고, 몸통을 만진 사람은 벽이라고, 꼬리를 만진 사람은 부드러운 밧줄 같다고, 귀를 만진 사람은 무슨 넓적한 거적때기 같다고 제각각 말한다. 각자 손으로 느낀 감촉이 너무도 확실하다 보니 양보가 있을 리 없다. 격론이 벌어졌지만 자신의 의견만을 옳다 하고, 상대의 의견은 받아들이지 않는 그들에게서 코끼리의 모습이 제대로 그려질 리 만무하다. 결국 목소리 크고 말 잘하고 가방 끈 긴 사람들의 뜻대로 코끼리는 형상화되고, 못 끼어든 사람들은 인정할 수 없음에도 토론의 주변에서 변죽만 울리다 자리를 뜯다. 하지만 서로의 의견을 존중하고 의견들을 잘 조합하면 실제 모습에 근접한 코끼리를 합작하여 그릴 수 있었을지도 모른다. 마치 하나하나의 퍼즐들을 맞춰 전체를 형상화하는 작업처럼 말이다.

'사회책임투자SRI, Socially Responsible Investment'의 개념 논쟁에서도 이와 유사한 상황이 벌어지고 있다. 1장 후반부에서 좀더 자세히 언급하겠지만, 우선 사회책임투자의 일반적인 정의는 다음과 같다. 사회책임투자란 분석과 투자의 중요한 투입요소에서 재무적 요소 못지않게 기업의 사회적 책임과 관련된 비재무적 요소들(인력관리 수준, 노사관계, 환경경영 수준 및 위험도, 기업지배구조, 지역사회와의 관계, 소비자 관계, 협력업체 관리체계, 브랜드 이미지, 혁신 역량 그리고 사회공헌활동 등)까지 아우르는 것을 말한다. 따라서 투자의 성패는 기업의 이모저모를 잘 살펴서 누가 더 기업의 가치를 세밀하고 정확하게 분석하느냐에 달려 있다.

하지만 사회책임투자의 개념도 이를 해석하는 이들의 입장에 따라 관점 차이를 보인다. 종교기관이나 시민단체 등의 경우에는 사회책임투자를 정의할 때 상대적으로 이념적이고 규범적인 관점을 강조한다. 반면, 주류 투자자들인 연금·보험 및 일반 공모펀드 운용자들은 수탁자 책무Fiduciary Duty의 큰 틀에서 ESGEnvironment, Social, Corporate Governance 환경 • 사회 • 지배구조 요소와 기업의 재무적 성과와의 관련성을 탐색하는 등 보다 실용적 관점에서 접근하고 있다.

27쪽 그림의 왼쪽에 위치한 사회책임투자자들의 접근법은 전통적인 윤리투자와 궤를 같이하기 때문에 이들의 투자는 주로 기업의 윤리경영 수준 및 인권경영 측면, 사회공헌 수준 등을 핵심으로 평가·분석하고, 담배·주류·도박 산업 등과 같은 전통적인 문제 산업Sinful Business들을 배제하는 관점에서 행해지고 있다.

(자료:서스틴베스트)

반면, 오른쪽에는 주류 투자자들이 포진하고 있다. 이들의 관점은 기업의 사회적 책임CSR, Corporate Social Responsibility 개념의 진화와도 궤를 같이한다. 즉, 기업의 사회적 책임이 19세기 말이나 20세기 초 카네기Andrew Carnegie나 록펠러J. D. Rockefeller 등과 같은 대부호의 개인적 기부활동의 단계에서, 1930~1940년대 기업의 자선활동 단계, 1970~1980년대의 경영 위험관리의 수단으로서의 CSR 단계, 21세기 들어서 적극적인 수익 창출을 위한 경영 전략으로서의 단계 등으로 진화하고 있는 것이다. 따라서 오른쪽의 주류 투자자들은 기업이 CSR을 통해 어떻게 전략적으로 경제적 가치를 창출하고 있는가에 주목한다. 그러므로 이들은 전략적 사회책임경영 방식과 동전의 양면을 이룬다.

따라서 사회책임투자는 같은 용어로 표현될지라도 그 관점에 따라 매우 다른 개념을 갖기 때문에, 사회책임투자에 관한 논의 전개에서는 반드시 그 출발선상에서부터 개념을 미리 조율할 필요가 있다. 그렇지 않으면 앞의 예화처럼 장님 코끼리 만지는 격으로 소모적이고 비생산적인 논쟁으로 흐를 가능성이 매우 높기 때문이다. 또한 사회책임투자의 다면성에 동의한다면 다양한 관점의 의견들에 대해 열린 마음으로 경청할 필요가 있다. 그러할 때에야 한 조각 퍼즐을 들고 전체를 다 알고 있는 양 호들갑을 떠는 우스꽝스런 꼴이 되지 않을 수 있을 것이다.

이렇듯 사회책임투자의 다양한 정의가 병존하는 까닭은 그것이 새로운 분야이기 때문이기도 하다. 새로운 관점과 주장이 제기되면서 사회책임투자의 개념은 카멜레온처럼 변신한다. 흡사 움직이는 과녁과도 같이 말이다. 영국의 저명한 사회책임투자자 러셀 스팍스Russell Sparkes도 1994년 그 스스로 내렸던 사회책임투자의 개념을 2002년에 와서는 새롭게 규정했다. 즉, 윤리투자의 관점에서 사회책임투자는 '재무적 성과'가 상대적으로 소홀히 취급된 반면, 그의 새로운 정의에서는 '재무적 성과와의 조화'를 강조하고 있다.

이러한 개념 진화의 기념비적 사건으로 유엔 책임투자 원칙(PRI, Principle for Responsible Investment 코피 아난 전 유엔 사무총장 주도 아래 뉴욕증권거래소에서 2006년 4월 제정된 세계 최초의 책임투자 원칙으로, 2010년 10월 현재 총 운용 자산 규모 약 22조 달러를 보유한 전 세계 36개국 800개 금융기관들이 서명기관으로 참여하고 있음)을 들 수 있다. 유엔 책임투자 원칙에서는 사회책임투자의 사회Socially란 말을 빼고 책임투자RI, Responsible Investment라는 용어를 사용하면서 전통적인 사회책임투자SRI, Socially Responsible Investment와의 차별화를 시도하고 있다(29쪽 표 참조).

그러나 무엇보다도 전통적 SRI와 RI의 개념 차이는 '사회에 대한 책임'이란 다소 추상적인 개념보다 한 발 더 나아가 '투자자에 대한 책임', 즉 남의 자산을 운용하는 수탁자의 책임을 강조한 데 있다.

### 현대적 의미의 책임투자 범주

| 구분 | 포함 | 불포함 |
| --- | --- | --- |
| 본질 측면 | – 수탁자 책무에 보다 충실하고 책임 있는, 즉 기업의 ESG 위험과 기회를 고려하는 투자활동<br>– 그 이유는 ESG가 투자 성과에 직·간접적 영향을 미치기 때문임 | – 금융기관의 사회 공헌<br>– 금융기관의 자선활동 |
| 목적 측면 | – (궁극적 목적) 투자 기관의 수익 극대화<br>– (파생적 목적) 이를 통한 사회 변화 | – 투자에 의한 사회 변화 자체 |
| 주체 측면 | – 자신의 수익을 극대화하기 위해 투자자가 주체적으로 ESG 고려 | – NGOs나 시민사회단체에 의한 금융과 사회의 연계 |

(자료: 노희진, 류영재 외, 《사회책임투자 개념 및 국제동향》, 자본시장연구원, 2006)

이러한 사회책임투자 개념의 진화를 잘 보여 주는 예가 있다. 바로 SRI가 대안적 투자Alternative Investment에서 주류 투자Mainstream Investment의 한 방식으로 채택되고 있다는 점이다.

다국적 투자컨설팅업체인 로저스케이시Rogerscasey의 사라 클리블랜드Sarah Cleveland는 다음과 같이 세 가지 용어로 사회책임투자의 개념적 차이를 설명한다.

즉, 사회책임투자는 개념적 차이에 따라 미션투자, 사회책임투자, 책임투자로 나뉜다. 미션투자MRI, Mission-Related Investment는 투자자의 투자 수익과 그들의 사명을 완수하고자 하는 두 가지 목표를 동시에 고려하는 데 비해, 사회책임투자는 투자자의 투자 수익과 사회에 미치는 영향을 동시에 고려하는 것이다. 반면, 책임투자란 ESG로 대표되는 비재무적 이슈들의 위험과 기회 요소를 평가함으로써 장기투자 수익의 극대화를 추구하는 것이다.

현재 이렇듯 다양한 개념들이 존재하지만 사회책임투자의 원형은 윤리
투자에서 찾을 수 있다. 그 원형의 뿌리를 찾아 거슬러 올라가면 한 사람
을 만나게 된다. 어찌 보면 그가 사회책임투자의 처음 길을 연 선구자인지
도 모른다.

### 사회책임투자의 선구자 존 웨슬리, 그가 던진 메시지

영국 런던에서 만났던 교민들은 대략 두 그룹으로 나뉜다. 한 그룹은
영주권이 있는 교민들이다. 또 한 그룹은 정해진 기간을 한시적으로 머물
다 가는 주재원들이다. 그런데 나는 이 두 그룹에서 예상 밖의 특징적인
현상을 발견했다.

영주권을 갖고 런던에서 수십 년 동안 생활한 교민들 중 상당수는 유럽
여행조차 가 본 적이 없었다. 유럽은커녕 스코틀랜드 에든버러나 웨일스조
차 가 보지 못했다고도 했다. 그에 비해 일정 기간 런던에서 근무하는 주재
원들은 여행 계획을 세워 매년 유럽이나 영국의 유명 관광지로 여행을 다
닌다. 그래서 귀임 발령이 날 때쯤이면 영국 전역은 물론 유럽 주요 도시
들을 두루 섭렵하게 된다.

물론 이런 현상의 가장 큰 이유는 영주권자들 대부분이 자영업에 의존
하기 때문에 상대적으로 시간적·경제적 제약이 많기 때문일 것이다. 그러
나 그 두 그룹 사람들과 대화해 보면 단순히 시간적·경제적 제약 때문만
은 아닌 다른 큰 이유를 발견하게 된다. 그것은 바로 영국 체류 기간에 대
한 두 그룹의 인식 차이다. 대부분의 영주권자들은 무한정 그곳에 머물러
있을 것이니 언제든 여행할 기회가 있다고 생각하는 반면, 주재원들은 정
해진 기간 동안 그곳에 머물기 때문에 계획을 세워 여가에는 여행을 떠난

다는 것이다.

어찌 보면 영주권자들은 무한정 시간이 있으니 우선 급한 것을 먼저 하자는 심산이다. 그에 비해 체재 기간이 유한함을 애초부터 알고 있는 주재원들은 마냥 미룰 수 없기에 중요한 일은 반드시 하자는 계산일 터다.

이렇듯 여행에 대한 교민들의 차이를 생각할 때마다 떠오르는 인물이 있다. 바로 존 웨슬리John Wesley, 1703~1791다. 감리교회를 창시한 존 웨슬리는 단지 위대한 설교가에 그치지 않았다. 그는 당시 영국 사회에서 일어난 다양한 경제적·사회적 이슈들에 대해 희망과 대안의 메시지를 던진 사회개혁가이기도 했다. 1760년 그는 '돈의 사용법The use of money'이라는 유명한 설교에서 우리가 어떻게 돈의 문제를 바라봐야 하는가에 대한 큰 방향을 제시했다. 그는 말한다.

> 돈을 버는 것은 결코 죄가 아닙니다. 마음껏 버세요. 그렇지만 인간의 고귀한 생명이나 건강 혹은 이웃의 재산을 해치거나 당신의 양심을 속이는 방법으로는 결코 안 됩니다.

이 구절은 곧 사회책임투자에서 말하는 네거티브 스크리닝Negative Screening, 투자에서 특정 산업들을 배제하는 방식의 출발점이 되기도 한다. 무엇보다 그가 떠오르는 이유는 그 설교의 근본에 자리 잡고 있는 사상, 바로 '청지기 정신Stewardship' 때문이다.

그가 말하는 청지기 정신이란 '이 땅에 살고 있는 사람들은 극히 한정된 시간 동안 다음 세대를 위해 잠시 살다 가는 청지기에 불과하다'는 생각이다. 여기서 우리는 두 가지 핵심 키워드를 도출해 볼 수 있다. 바로 '삶의 유한성'과 '청지기'(남의 돈을 대신 관리해 주는 사람)다. 어쩌면 이 두 단어는 결국 동전의 양면과도 같다. 즉 이 땅에서 부여받은 시간 자원이나 물질 그리고 자연 자원들은 우리가 전적으로 영원히 소유할 수 있는 것이 아니라, 정해진 기간 동안 조건부로 우리에게 위탁된 것이라는 공통된 생각에 기초하고 있기 때문이다.

이 정신은 환경과 사회의 문제에도 고스란히 적용된다. 1999년 영국 연금성 장관 스티븐 팀스Stephen Timms는 사회책임투자 연금법을 설명하는 자리에서 존 웨슬리의 청지기 사상을 인용했다.

> 약 250년 전 웨슬리가 말했듯이 우리는 이 땅의 소유주가 아니라 청지기로 살고 있습니다. (…중략…) 우리는 다양한 종류의 물품들로 가득한 이 시대의 수탁자Fiduciary에 불과한 것입니다. 단 하나의 재산도 우리에게 전적으로 달려 있지 않습니다. 따라서 그의 핵심 메시지는 바로 청지기 사상입니다. 이 사상은 최근 들어 우리에게 더욱 친근하게 다가옵니다. 다시 말해 우리는 우리 후손들이 우리가 이 땅 혹은 이 사회에 남기고 간 환경 문제나 사회 문제를 해결하기 위해 고민해야 한다는 사실을 인식하기 시작했습니다. 따라서 웨슬리의 말은 오늘을 사는 우리에게 더욱 공명되고 있습니다.

우리는 우리에게 주어진 모든 자원과 기회가 유한하다는 것을 깨달을 때 비로소 그 가치를 깨달을 수 있을 것이다. 그러나 엄밀히 생각해 보면 그 유한성이 존재하는 이유는 바로 우리 삶이 매우 제한적이라는 피할 수 없는 사실 때문이다. 따라서 자원의 유한성보다 상대적으로 우리 생명이 매우 짧고 제한적임을 깨달아야 한다. 그러할 때 비로소 우리에게 주어진 다양한 자원을 바라보는 규모 있고 체계적인 시각이 열린다. 이러한 인식

체계로 들어가는 것이 바로 '지속가능성Sustainability'이고 '사회적 책임Social Responsibility'으로 향하는 것이다.

어찌 보면 이것은 휴가에 대한 영국 교민들의 태도와 유형적으로 비슷하다. 만일 우리에게 주어진 모든 자원을 내가 무한정 가져갈 수 있을 거라고 생각하는 순간, 우리는 오히려 그것의 소중함을 놓칠 가능성이 높다. 반대로 유한성을 깨닫는 순간 비로소 그 가치에 대한 안목이 열린다. 이는 경제학에서 말하는 희소성의 원칙과 일맥상통한다.

현재 우리가 발 딛고 몸담고 있는 사회라는 터전, 우리가 숨 쉬고 느끼고 마시며 활용하는 자연환경 등은 결코 무한정 우리 곁에 있지 않다. 우리는 제한된 시간 동안 그 안에서 살아갈 뿐이며, 시간이 지나면 사회와 이 땅은 새로운 세대가 이어받는다. 어찌 보면 우리는 이 사회와 이 땅을 미래의 어떤 세대로부터 빌려온 채무자인지도 모른다. 그러니 원금을 보존하고 적절히 이자까지 얹어 소유자인 미래 세대에게 잘 전해 주어야 할 책무가 있는 것이다. 이 모든 책무는 바로 시간의 제한성, 곧 만기를 염두에 둘 때 제대로 실행될 수 있을 것이다.

사회책임투자, 그 출발은 존 웨슬리가 말했듯이 바로 이러한 삶의 유한성이라는 역설을 깨닫는 지점에 있다. 당신은 인생의 영주권자라고 믿는가? 아니면 삶의 여행자라고 믿는가? 이제 이러한 물음의 답을 찾기 위해 진지한 성찰의 여행을 떠나 보자.

1760년 존 웨슬리는 누가복음 16장에 나오는 청지기 비유에 관한 설교를 통해 우리가 돈 문제를 어떻게 바라봐야 하는가에 대한 방향을 제시했다.

"우리는 고귀한 생명이나 건강 혹은 정신을 해치는 방법을 통해 돈을 얻어서는 안 됩니다. 그러므로 우리는 어떠한 사악한 거래 행위에 참여하거나 그것을 계속해서는 안 됩니다. 사악한 거래에는 하나님의 원칙이나 국가의 법에 위반되는 모든 방법이 포함됩니다. (…중략…) 또한 이웃의 재산이나, 이웃의 신체 (…중략…) 그들의 영혼을 해쳐서도 안 됩니다. (…중략…) 우리는 이웃의 신체를 해함으로써 이익을 얻어서는 안 됩니다. 따라서 건강을 해치는 어떤 물건도 팔아서는 안 됩니다.

(…중략…) 우리는 직접적이든 간접적이든 사람들의 방탕함이나 무절제함을 불러일으켜 결과적으로 그들의 정신을 황폐화함으로써 이익을 취해서는 안 됩니다."

웨슬리의 설교는 네거티브 스크리닝(투자에서 특정 산업들을 배제하는 방식)의 기초를 마련했다. 또한 그의 청지기 사상은 환경 문제와 사회 문제를 해결하기 위한 주요 시사점을 던져 준다.

## 사회책임투자가 걸어온 길



### | '주변부'에서 '중심부'로 이행

1642년 1월 8일 갈릴레오 갈릴레이Galileo Galilei는 78세를 일기로 쓸쓸히 생을 마쳤다. 그가 죽었을 때 이단 심문소 대표들은 로마 교황청 앞으로 축전을 띄웠다고 한다. 지동설을 주장했던 당대 최고의 이단자가 죽었기 때문이다. 이단자의 무덤 앞엔 묘비조차 금지되었다고 한다. 그의 묘비가 세워지기까지는 한 세기라는 오랜 세월이 흘러야 했다. 그렇게 세워진 그의 묘비 앞에서 그는 더 이상 이단자가 아니었다. 오히려 인류의 위대한 과학자로 칭송되었다.

굳이 갈릴레이를 언급하지 않더라도 기존 통념과 질서가 변화하기까지 오랜 시간과 노력 그리고 희생이 전제된다는 사실을 사람들은 다 안다. 하나의 소수설이 세상에 나와 기존의 관념들과 충돌할 때 만만치 않은 반격이 따른다. 다양한 형태의 고정관념과 기득권이 작동하기 때문이다. 그러나 인류에게 혜택을 가져다준 대부분의 새로운 발견과 혁신은 주로 극소수 사람들에 의해 후미진 곳에서 이름 없이 시작되었다는 사실을 알아야 한다.

사회책임투자의 경우도 이와 유사한 길을 걸어왔다. 250여 년 전 설교가 존 웨슬리의 주장에서 출발하여 오늘날 세계적 규모의 연금펀드들의 투자 기법으로 자리 잡기까지 다양한 충돌이 있었다. 그 논쟁들은 늘 수탁자 책무Fiduciary Duty에 대한 해석을 둘러싸고 벌어졌다. 즉 남의 돈을 대신 관리하는 사람들이 재무적인 변수 외에 다른 요소들, 예컨대 ESG(환경·사회·지배 구조)를 반영하는 것이 수탁자 책무를 다하는 것이냐, 아니면 이에 반하는 것이냐에 대한 입장 차이가 바로 그 논란의 핵심이었다.

　이러한 충돌들은 때로 법정싸움으로 비화되기도 했다. 영국에는 그 싸움과 관련된 두 가지 유명한 판례들이 있다. 하나는 1984년 '코완과 스카질Cowan v Scargill' 판례, 다른 하나는 1991년 '옥스퍼드 대주교와 영국교회 재무위원회The Bishop of Oxford v The Church Commissioners' 판례다.

　먼저 코완과 스카질 판례를 살펴보자.

　1982년 당시 영국의 탄광근로자 연금의 수탁자들은 두 그룹으로 나뉘어 있었다. 그들의 반은 경영진에 의해, 나머지는 노조에 의해 선임되었다. 당시 노조 측을 대표하던 스카질Arthur Scargill은 탄광노조의 정책에 따라 새로운 투자 계획을 세워야 한다고 주장했다. 즉, 탄광근로자 연금펀드가 해외 주식이나 석탄 산업의 경쟁 업종들, 예컨대 정유업이나 가스 산업의 주식에 투자하는 것을 불허한다는 내용이었다. 그러나 경영진을 대표하는 코완J.R. Cowan이 이 투자 계획에 반대하면서 결국 법정 싸움으로 비화되었다.

　당시 이 재판을 맡은 메거리Robert Megarry 판사는 경영진의 손을 들어줬다. 새로운 투자 계획이 투자 수익과 직접 관련되지 않은 노조 정책 등을 앞세우면서 '먼 미래의 가능성Remote Possibility'까지 염두에 둔다면, 자칫 수익자Beneficiary들에게 최적의 투자 수익을 안겨 줘야 하는 수탁자 책무에 반할 수 있다는 것이 그의 논거였다. 경쟁 산업의 투자 제외는 곧 그만큼의 기회수익의 제한으로 해석되었기 때문이다. 이후 코완과 스카질 판례는 책임투자의 주류화에 걸림돌이 되었다.

　두 번째 판례 역시 외견상 책임투자에 우호적이지는 못하다. 1991년 옥스퍼드 대주교는 두 명의 성직자들과 함께 대법원에 섰다. 그들은 교회 재무위원회의 투자에서 당시 반인류적 인종차별국가인 남아프리카공화국 관련 기업들은 배제되어야 한다고 주장했다. 이에 반해 영국교회 재무위원회는 이것이 관철되면 전체 상장종목에서 약 37%가 투자에서 제외되기 때문에 반대 입장을 분명히 했다.

이 사건의 재판관 니콜스Sir Donald Nicholls 판사 역시 메거리 판사와 비슷한 입장을 취했다. 즉, 모든 수탁자의 임무는 항상 최적의 투자 수익률을 추구하는 데서 출발한다는 것이다. 따라서 수탁자들이 도덕적 가치를 추구하는 과정에서 자선기금의 수익률이 훼손되어서는 안 된다고 말했다. 그러나 니콜스 판사는 소수설임을 전제로, 만일 자선기금의 투자가 그 기관의 설립 목적과 배치될 경우 기부 및 후원자들의 지원 의지를 약화시킬 수도 있다는 견해를 조심스럽게 내놓았다.

또한 '옥스퍼드 대주교와 영국교회 재무위원회' 재판이 있기 2년 전인 1989년, 메거리 판사도 분명히 견해를 다시 밝혔다.

'코완과 스카질' 판례는 수익 극대화가 곧 수탁자 책무임을 주장하는 판례가 아닙니다. 그런데 ESG를 인정하고 싶지 않은 듀턴 피바디Dutton Peabody 같은 저널리스트들에 의해 지나치게 곡해되었습니다. 수탁자 책무에 대한 해석은 사회 규범이나 가치, 기술과 시장의 변화 정도에 따라 함께 변합니다. 예컨대 노년층이나 장애인들에게 대중교통요금을 면제해 주는 것이 21세기에는 수탁자 책무에 반하는 것이 아니지만, 오래전에는 그 책무에 반하는 것으로 간주되었듯이 말입니다.

메거리 판사의 입장 변화 그리고 니콜스의 소수설 개진은 새로운 패러다임의 전조이자 예고음이었다. 주변부에 위치했던 사회책임투자가 서서히 주류 투자자들의 투자 원칙이나 전략으로 진입할 수 있는 법리적 토대가 마련되고 있었던 것이다.

그 토대 위에 기념비가 세워진 날이 바로 2000년 7월 3일이다. 영국의 연금법 개정으로 연금 수탁자들은 ESG 고려 수준을 그들의 투자 원칙에 담아야 했다. 한 세기 만에 갈릴레이의 묘비가 세워졌듯이 수백 년 만에 사회책임투자의 기념비가 주류 투자의 무대 위에 세워졌다.

갈릴레이가 지동설을 외치며 통념의 틀을 깨고자 했을 때 습관과 기득권에 취해 있던 교황청과 그 무리들은 도저히 그것을 인정할 수 없었다. 그렇지만 진실의 유효기간은 기득권의 치세 기간에 비할 수 없을 만큼 길다. 그리고 소리도 크기에 멀리 나가고 오래 남는다.

존 웨슬리와 스카질과 옥스퍼드 대주교가 투자의 새로운 지평을 열고자 했을 때 코완과 영국교회 재무위원회는 반대했다. 두 재판관들도 합세했다. 그렇지만 어떤 반대에 부닥쳐도 지구가 돌듯이 투자의 세계는 돌고 있었다.

# 공존과 상생의 투자

## 자본과 노동의 매개체인 사회책임투자

소설가 존 스타인벡John Ernst Steinbeck은 《분노의 포도 The Grapes of Wrath》에서 소작농과 자본주의 팽팽한 대립을 실감나게 묘사하고 있다.

은행 빚을 갚지 못해 농장에 위치한 집을 철거당할 위기에 처한 소작농과 그 집을 철거하러 트랙터를 몰고 온 기사의 긴박한 대화 내용은 우리에게 많은 것을 시사한다. 소작농은 기사에게 으름장을 놓는다. 내 집 가까이 다가오면 총을 쏴 죽여 버릴 거라고. 동시에 농부는 절규한다.

"나는 앉아서 당하기보단 나를 굶주리게 하는 사람을 먼저 죽여 버릴 거야."

그러자 트랙터 기사는 말한다.

"너를 궁지에 몰아 넣고 있는 것은 결코 사람이 아니야. 그것은 다름 아닌 자본이라는 괴물이야."

　돈 문제로 인한 인간소외와 계급갈등의 일면을 함축적으로 묘사하는 대화다. 부채를 못 갚아 생존의 터전마저 위협당하는 소작농과 단지 자본주의 명령에 충실한 트랙터 기사의 대화에서 목격되는 사실은 오로지 자본 회수를 둘러싼 첨예한 갈등과 대립뿐이다.

　채권 회수를 위해 생존의 터전마저 서슴없이 강탈하려는 채권자와 그것을 지키기 위해서는 살인까지도 불사하겠다는 소작농의 완강한 태도, 또한 상대는 초월적 존재이기에 어떤 물리력으로도 타도될 수 없다며 굴종을 요구하는 트랙터 기사의 으름장을 지켜보며 나는 몇 가지 물음을 던지고 싶다. 과연 자본과 노동과의 선한 연대는 불가능한 것인가? 자본은 무소불위의 괴물이며 착취자인가? 따라서 노동은 끊임없는 투쟁의 탑을 쌓아 올려야만 하는가?

　어찌 보면 산업혁명 이후 인류 역사는 이런 질문의 답을 찾는 과정이라고 볼 수 있다. 공산주의자들이 자본을 사악한 것으로 규정하여 노동의 입장에서 해법을 찾으려 했다면, 자본주의자들은 자본의 자정自淨 능력을 신뢰하고 자유경쟁의 시장경제체제를 발전시키며 답을 찾으려고 노력했던 것으로 파악할 수 있다.

　그렇다면 양자의 접점 내지 연결고리를 찾을 수는 없는가? 나는 이 해묵은 물음에 대한 일정한 해답의 실마리를 찾았다. 바로 사회책임투자의 철학이 그것이다.


　사회책임투자란 돈 있는 주체들, 즉 자본가의 투자법이되 이윤만 보는 게 아니라 여러 요소를 심층적으로 보고 판단하는 투자법을 가리킨다. 즉, 자본가 자신들의 돈을 투자함에 있어 단순히 재무적 이윤의 견지에서만

이 아니라 사회적·환경적·기업지배구조 측면까지 고려하는 것이다. 따라서 '반사회적'이며 '환경 적대적'이고 '비윤리적'이며 '나쁜' 지배구조를 갖는 기업들에 대해서는 어떠한 식으로든 자본가들의 견제와 균형이 가해져야 한다는 것이다.

앞서 이야기했듯이 2000년 7월 3일 영국은 사회 안전성Department of Social Security의 연금법 35항을 개정함으로써 모든 연금펀드의 투자 원칙Statement of Investment Principle 에 다음 두 가지 사항들을 고려하고 그것을 공개토록 요구하고 있다.


- 종목 선정, 보유 그리고 투자이익의 실현에서 운용자들이 어느 정도 수준으로 사회적·환경적·윤리적 측면을 고려하고 있는가?
- 투자와 불가분의 관계인 권리 행사(의결권의 행사를 포함해서)의 측면에서 어떤 정책이 있는가?


이 법안 개정으로 사회책임투자 주류화에 일대 전기가 마련된다. 이것은 단순한 정치적 제스처가 아니라 사회책임투자를 원하는 사회의 점증하는 요구에 대한 불가피한 응답이었다. 이 개정안이 등장함으로써 런던 금융시장의 주류 투자자들은 새롭게 사회책임투자에 주목하게 된다. 이때부터 사회책임투자는 고루한 종교단체의 주장에서 일약 주류 투자 원칙으로 자리잡게 된 것이다.

특히 영국에서 이러한 투자가 정착되기까지는 연금펀드가 큰 역할을 했다. 즉, 현재 영국 주식시장에서 최대 자본가는 시가총액의 약 35%를 보유하고 있는 기업연금펀드들이다. 그리고 이 연금펀드의 자금은 근로자들의 봉급에서 나온다. 따라서 이 펀드의 실질적 소유주는 아이러니하게도 전통적 의미의 자본가들이 아닌 바로 근로자들 자신이다. 다시 말하자면 영국 증권시장의 최대 자본가가 근로자이며 근로자는 곧 최대 자본가로 영향력을 행사하고 있다는 말이 된다.

이렇듯 영국에서는 연금펀드를 매개로 하여 자본과 노동이 상호 의존적인 접점을 마련하고 있다. 펀드의 투자 수익률이 노후 생활 보장과 맞물려 있는 상황이기에, 근로자는 연금펀드의 투자정책 입안에 참여하여 기업들에 대해 역설적으로 고배당을 요구하며 임금인상 억제에 대한 가이드라인을 제시하기도 한다. 즉, 근로자가 전통적 자본가의 목소리를 대변하는, 입장의 전도 현상이 일어나고 있는 것이다.

또한, 전통적 자본가는 사회책임투자의 정신을 통해 '지속가능한 발전'이라는 화두를 붙잡게 된다. 즉, 주주이익 중심의 재무적 목표에만 집중하는 것이 아니라 ESG 측면도 함께 고려한다. 또한 다른 이해관계자들의 이익의 중요성을 깨닫게 되며, 이러한 기업들이 장기적으로 성장하며 지속가능하게 발전한다는 실증적 데이터와도 만나게 된다.

나는 우리 사회의 극단적 대치 상황에 주목하고 있다. 더불어 노동과 자본의 해묵은 논쟁에서 한 치의 진전도 이뤄 내지 못하는 우리 사회의 경직성이 놀랍고도 안타깝다. 이제 이러한 양극단적 사고는 사회책임투자의 정신 속에서 만나야 한다. 따라서 자본은 노동의 입장 및 다른 이해관계자들의 입장에서 이익을 추구하는 것이야말로 단순히 미덕과 선행을 베푸는 것이 아니라, 그것이 장기적 관점에서 그들에게도 이익이 된다는 사실을 깨달아야 한다. 한편, 노동은 내 돈의 소중함을 통해 자본가의 입장을 이해하며 상생의 단서를 찾아야 한다. 이러할 때, 자본은 괴물의 탈을 벗고 인간적인 모습으로 우리들에게 다가올 것이다.

## 사회책임투자의 키워드, '다양성 존중하기'

머리말에서도 말했듯이 나이 마흔을 훌쩍 넘기고 시작한 영국에서의 MBA 과정은 내게 그리 녹록하지 않았다. 넘기 힘든 벽들이 참 많았다. 무엇보다 유럽 중심의 문화와 사고 그리고 언어 차이를 이해하고 극복하는 일이 쉽지 않았다. 그러나 소득도 많았다. 그중에 가장 큰 소득이라면 '다양성을 존중해 주는 법', '나와 다른 의견에 대해 관용하는 법'을 체득했다는 점이다.

영국 유학 시절, 학교 강의실 안이건 밖이건 특정 이슈에 대해 논의할 때면 늘 격론이 벌어졌다. 의표를 찔리곤 했던 뜻밖의 가정들, 예기치 못한 전제의 재설정 그리고 다양한 문화와 관습에 대한 존중과 냉철한 비판들, 끊임없이 쏟아지는 질문들로 강의실과 캠퍼스 안은 늘 시끄럽고 북적거렸다.

예컨대 수업시간에 교수가 특정 주제를 던진다. 그러면 너나 할 것 없이 일어나 각자의 관점에서 의견을 말한다. 서로 다른 관점들이 첨예하게 부딪친다. 일견 토론은 서너 명이 뒤엉킨 패싸움의 형국으로 변하는 듯했다. 그러나 그것은 결코 싸움이 아니었다. 생각과 관점이라는 다양한 상품들이 거래되는 시장과도 같이 시끌벅적했다. 성업하는 시장이 요란스럽듯이 그것은 서로에게 더 큰 공동 이익을 위해 얼마만큼 내 이익을 포기하고 상대의 이익을 수용할 수 있는가를 냉정하게 따져 보는 협상 과정에 불과했다.

직업상 사회책임투자에 관심이 있는 여러 분야의 전문가들을 만나게 되었다. 그들은 다양한 입장에 처한 사람들이기도 하다. 시민단체에서 학계, 투자자에서 기업체 인사들까지 망라되어 있기 때문이다. 그들을 만나면서 나는 또 한 번 사회책임투자의 다양성에 놀라지 않을 수 없었다. 어떤 사람들은 '사회책임'을 일컬어 '지속가능성'이라고 한다. '사회책임'이라는 용어가 자칫 기업들에게 부담이 될지도 모른다는 염려 때문이다. 따라서 '사회책임투자'는 곧 '지속가능책임투자'로 바꾸어 불러야 한다고 말하기도 한다.

또 어떤 사람들은 '지속가능성'은 환경운동의 뉘앙스를 풍기므로 부담스럽다고도 한다. 그래서 그들은 '사회책임'을 그대로 사용하자고 말한다. 기업이 아무리 경제적 계약단위라고 하더라도 사회 내에 실재한다면 협의건 광의건 어떤 식으로라도 사회적 책임을 다해야 한다는 것이 그들의 논거일 터다. 그 밖에 '윤리투자', '책임투자', 'ESG투자', '삼발이투자Triple Bottom Lines Investment' 등도 사회책임투자와 동일한 의미의 다른 표현으로 사용된다.

사회책임투자의 ESG에서도 동상이몽을 발견하게 된다. 환경이라는 같은 배에서도 이해관계자에 따라 다른 꿈을 꾸기 때문이다. 시민단체들은 기업들에게 상당히 엄격한 잣대를 요구하는 반면, 기업들은 '시민단체들이 너무 규범적이고 명분에 치우친 채 기업 현실을 잘 모른다'고 말한다. 노동문제의 이해관계자들은 '사회책임투자가 기업의 대對종업원 관련 각종 정책 등에 더욱 초점을 맞춰야 한다'고 말한다. 인권운동단체나 관련 기관들은 '이제 우리도 기업인권 이슈에 눈떠야 하고, 그 이슈를 기업경영의 핵심 의제로 다뤄야 한다'고 주장한다. 소비자단체는 '소비자야말로 소비나 구매 행위를 통하여 기업에게 자금을 유입시켜 주는 가장 중요한 이해관계자'라고 말한다. 지배구조 관련 단체는 'CEO와 이사회 의장은 분리되어야 하고, 사외이사는 많으면 많을수록 좋으며, 각종 공시는 보다 투명하게 이루어져야 한다'며 이것들이 핵심이라고 주장한다. 반면 기업 측에서는 '이 모든 문제는 기업의 치열한 경쟁 환경을 고려해야 하고, 경영의 전문성과 유한한 자원의 배분이라는 경영의 본질에 대한 이해가 전제된 상태에서 논의되어야 한다'고 맞선다.

투자자들 내부에도 다양한 혼란이 벌어진다. "사회책임투자의 개념정의는 이러이러하다", "네거티브 스크리닝을 한다면 이런 기준으로 해야 한다", "관여전략을 실행에 옮기려면 이러한 원칙들을 세워야 한다", "ESG 분석과 전통적 재무분석을 통합하기 위해 이 정도는 해야 정답이다" 등 참으로 많은 목소리들이 존재하는 것도 사실이다.

물론 나는 앞서 제기된 다양한 시각들에 대해 결론적 의견을 제시할 만한 입장은 아니라고 생각한다. 그러나 그러한 다양하고 첨예한 '다름'이 결코 '틀린' 것은 아니기에, 서로가 서로에게 귀를 열고 가슴을 연다면 그러한 다양성은 이제 막 강 상류를 출발한 사회책임투자라는 물줄기를 이끄는 추동력으로 작용할 수 있으리라 믿고 있다. 또한 다양성을 적절하게 통합할 때 사회책임투자의 규모와 범위도 더욱 확장될 수 있을 것이라고 믿는다. 이러한 믿음은 사회책임투자가 갖는 상생의 정신을 음미할 때 더욱 확고해진다. 사회책임투자에 관심을 갖는 순간, 그 사람은 이미 다양성 속에서의 공존과 상생의 바다에 흠뻑 빠진 터이기 때문이다.

《로마인 이야기》의 작가 시오노 나나미는 마지막 15권을 저술하고 이렇게 말했다. "어찌 보면 나는 얼굴과 민족은 달랐지만 공생이 가능했던 세계를 썼다. 종교·생각·취향·음식이 다른 사람들이 로마라는 울타리 안에서 번영을 구가하던 시대가 있었다. 비관용으로 흐르고 있는 현대와 달리 로마는 관용의 시대, 다양성에 대한 개방의 시대였다. 그것이 대제국을 건설한 힘이라고 생각한다."

# 사회책임투자는
# 좋은
# 투자

## 패스트푸드 투자와 가정식家庭食 투자

맥도날드는 패스트푸드를 대표하는 다국적 회사다. 1948년 설립된 이 회사는 전 세계인에게 아주 편리한 먹을거리를 제공하면서 거대한 기업으로 성장해 왔다. 그러나 최근 들어 이 간편한 음식에 대한 시비와 논쟁이 끊이질 않는다. 대체 왜 그럴까?

우선, 패스트푸드는 누구나 싸고 간편하게 얻을 수 있다. 매장에서 주문 후 계산을 하면 곧바로 햄버거가 나온다. 식사 후 남은 음식을 쓰레기통에 넣고 나오면 한 끼를 거뜬히 해결할 수 있다. 외견상 여기까지는 아무 문제가 없어 보인다. 그러나 두 번째 특징을 살펴보면 좀 복잡해진다. 이 패스트푸드를 싼 맛에 자주 이용하다 보면 강한 중독성을 띠게 된다는 점 때문이다. 영국의 〈더 타임스〉는 미국 위스콘신 대학 연구팀의 보고서를 인용해 다음과 같이 보도한 바 있다. 패스트푸드를 장기 섭취한 쥐들에게 그 공급을 중단하면 마약에 중독된 쥐에게 마약을 끊었을 때와 유사한 증상을 나타낸다는 것이다. 세 번째는 싸고 입에 달다고 자주 먹으면 비만을 불러올 수 있다는 점이다. 한 조사 자료에 따르면 1971년 일본에 패스트푸드가 상륙한 이래 1980년대 중반까지 판매량이 2배 증가했고, 이에 따라 어린이들의 비만율도 2배 이상 증가했다고 한다. 패스트푸드 외의 다른 요인들을 고려하더라도 상당히 주목해 볼 만한 지표로 보인다.

이러한 패스트푸드화는 음식 산업에서만 일어나고 있지 않다. 바로 주식 투자에서도 일어나고 있다. 온라인 주식거래가 바로 그것이다. 1997년 시행된 이래 이 시스템을 통한 거래대금 비중은 1998년 1월 1.3%에서 2009년의 경우, 유가증권 시장에서는 47.7%, 개인투자자의 참여도가 더 높은 코스닥에서는 81.4%로 기록됐다. 이 수치는 전 세계를 통틀어 최고를 자랑한다. 그 이유가 무엇일까?

첫째로, 증권회사 객장에 굳이 나가지 않아도 안방이나 사무실에 앉아서 상대적으로 싼 수수료를 지불하며 매매가 가능하다는 점에서 이 시스템은 분명 장점이 있다. 즉 싸고 간편하다는 점에서 패스트푸드의 첫 번째 조건을 충족한다.

둘째로, 온라인 거래는 강한 중독성을 띤다. 온라인을 통해 이뤄지는 각종 게임이나 도박처럼 이것 역시 한번 맛을 들이면 쉽게 떼기가 어렵다. 만일 매매를 통해 단기차익을 얻고 절묘하게 손실을 피하기라도 했다면 더욱 그럴 것이다. 그 쾌감은 어떤 도박 이상의 중독성이 있다. 이 중독자들은 주식투자를 '타이밍의 예술'이라며 각종 차트와 복잡한 파동이론들을 무슨 경전처럼 떠받들며 빠져 들어간다.

셋째로, 이 역시 싸고 간편하다는 이유로 계속하다 보면 잦은 거래비용이 발생하여 자산 증식에 걸림돌로 작용한다. 사고팔 때 지불하는 수수료와 팔 때 내는 거래세가 누적되기 때문이다.

이 거래비용은 일견 객장을 통한 것보다 싼 듯 보이지만 매매 회수가 잦아지면 가랑비에 옷 젖는 줄 모르는 이치와 마찬가지가 된다. 그리고 일단 온라인에 접속되면 세상 온갖 뉴스와 마주하게 된다. 변화무쌍한 시세의 흐름에 노출되는 것이다. 이 지경이 되면 뉴스와 시세의 변덕스러움에 갈피를 못 잡고 매매를 통해 위험과 기회를 컨트롤하려는 유혹을 떨치기 어렵다. 그러나 위험을 회피하고 기회를 포착하기는 생각처럼 쉽지 않다. 그보다는 엇박자를 타게 될 가능성이 훨씬 높다. 즉, 위험을 키우고 기회를 줄이는 매매를 반복할 수도 있기 때문이다. 이런 상황이 자꾸 벌어지면 투자 손실은 불 보듯 뻔하다.

우리는 아이들에게 패스트푸드를 권하지 않는다. 아주 가끔이라면 모르지만 허구한 날 이 음식을 아이들에게 권할 부모는 없을 것이다. 그보다는 집에서 어머니가 손수 만든 가정식을 권하는 것이 건강하다. 비록 늘 접하는 것이라 맛이 밋밋할지라도, 우리는 길게 봐서 이 가정식이 아이들을 더욱 튼실하게 성장시킬 것이라 믿는다. 그렇다면 투자의 '가정식 백반'은 없을까? 주식시장의 변덕스러움에 일희일비하지 않고, 각종 뉴스 매체의 혼란으로 우리의 일상이 방해받지 않는, 그런 투자는 없을까? 투기 욕구를 만족시키진 못하지만 길게 봐서 우리에게 유익이 되는 투자는 없을까?

나는 사회책임투자야말로 그런 조건들을 두루 갖추고 있다고 믿는다. 사회책임투자는 기업이익의 원천을 따져 보면서 투자하는 것이기 때문에 더욱 그렇다. 예컨대 외부적 변수로 인한 일시적인 이익, 단기호재로 인한 단발성 이익, 특정 이해관계자의 희생 위에 얻어진 반사이익, 반反사회적·반환경적·반윤리적 상행위로 얻어진 부도덕한 이익, 투기적 거래로 계상된 이익 등은 지속 불가능할 뿐만 아니라 언젠가 부메랑처럼 기업에게 다시 비용으로 전가될 거라고 믿는 까닭이다.

이러한 패스트푸드식 투자를 일삼는 이들에게 나는 애덤 스미스Adam Smith가 그 유명한 《국부론》에서 제기한 다음과 같은 경고 문구를 전해 주고 싶다.

얼마나 많은 이들이 천박한 효율이라는 장신구 위에 돈을 진열해 놓음으로써 그들 스스로를 망가뜨리고 있는가?

## 사회책임투자의 다른 이름, 원칙투자

### | 이해관계 및 주관성 상충의 극복 방안

앞서 말했듯이 1760년 존 웨슬리가 '돈의 사용법'에서 남긴 지침은 윤리투자의 기본 지침이 된다. 그는 도박 산업, 고리대금업, 주류업, 불공정 상행위, 고된 노동을 강요하는 사업 그리고 당시 막 시작된 화학 산업을 이른바 '문제 산업'으로 지목하고 있다. 따라서 윤리투자에서는 주로 네거티브 스크리닝을 통해 문제 산업에 해당하는 기업들의 주식 매입을 금한다. 즉 그러한 기업들에 투자함으로써 결과적으로 그 산업들을 번성하게 한다면 그것은 윤리투자자들의 세계관 실현에 걸림돌이 되며 그들의 가치관과 정면 충돌하기 때문일 것이다.

영국 감리교회의 CFBCentral Finance Board의 기금, 퀘이커교의 프렌즈 프로비던트Friends Provident, 미국 감리교회의 팍스 월드 펀드Pax World Fund 등은 바로 이러한 윤리투자의 대표적인 펀드들이다. 이들은 기독교적 세계관의 바탕 위에 그들의 투자 원칙과 방법을 설정하고 있다.

　　CFB는 영국 감리교회가 그들의 자산을 효율적으로 운용하기 위해 1960년 설립되었다. CFB는 '윤리투자에 관한 연합자문위원회JACEI , The Joint Advisory Committee on the Ethics of Investment가 제공하는 윤리적 이슈에 관한 기본원칙과 해석에 따라 그들의 투자를 실행하고 있다. JACEI는 알코올, 기업지배구조, 환경 윤리, 미디어, 군수 산업 관련 회사, 정치 헌금, 의결권 행사 등에 관한 자세한 원칙을 CFB에 제시하고 CFB는 그에 따라 그들의 자금을 운용하고 있다.

　　프렌즈 프로비던트는 1832년 퀘이커 교도들에게 생명보험 서비스를 제공하기 위해 그들 종파에 의해 설립되었고, 현재는 영국 FTSE100(파이낸셜 타임스 주식거래 100사 주가지수) 금융기관들 중에 핵심 기관으로 성장했다. 특히 이들은 약 2,000억 달러의 자산을 운용하고 있는 F&C 자산운용의 최대주주이기도 하다. F&C 역시 유럽의 사회책임투자를 이끌고 있으며 그들 역시 기업지배구조, 뇌물과 부패, 투명성과 실행, 환경경영 및 보고, 생물 다양성, 기후변화, 노동 수준, HIV/AIDS, 인권 등에 엄격한 투자 원칙을 정하여 이를 투자에 반영하고 있다.

　　이제 미국으로 가 보자. 미국에는 세계 최초의 사회책임투자 뮤추얼펀드인 팍스 월드 펀드가 있다. 이들 역시 환경 측면에서 대기 및 수질 오염, 재활용 및 쓰레기 저감, 기후변화 등의 이슈, 근무 조건 측면에서 다양성, 종업원 관계, 건강과 안전, 인권, 그 밖에 기업지배구조, 제품 명성, 지역사회 등의 측면에서도 세부적인 기준과 입장을 정리해 놓고 그것을 투자에 반영하고 있다. 이처럼 앞서 언급한 세 곳의 투자 기관에서는 기독교적인 원칙을 투자에 반영하고 있다.


　　2010년 BPBritish Petroleum의 걸프만 원유 유출 사고 이전에 미국에서 발생한 최대의 환경 재난은 아마도 엑손 모빌<sub>Exxon Mobil</sub> 사의 엑손 발데즈<sub>Exxon Valdez</sub> 사건일 것이다. 1989년 초대형 유조선 엑손 발데즈 호는 알래스카 근해에서 좌초됐다. 약 1,100만 갤런의 원유가 쏟아지면서 미국 역사상 최악의 환경 재난을 초래했다. 이 사건을 계기로 세레즈<sub>CERES, Coalition for Environmentally Responsible Economies</sub>의 환경투자 10대 원칙이 널리 퍼져 나갔다. 생물 보호, 천연자원의 지속가능한 사용, 폐기물 방출의 최소화 및 그 처리 방법, 에너지 보존, 리스크 관리, 안전한 제품과 서비스, 환경 복원, 대중에게 위험성을 알려 줘야 할 의무, 경영 책임, 감사와 보고 등의 열 가지 원칙들이다.

당시 엑손 사의 주식을 약 600만 주 보유하고 있던 미국의 두 번째 대형 펀드인 뉴욕시 연금펀드는 세레즈의 환경투자 원칙에 즉각 서명한 후, 엑손 측에 동 원칙에 근거한 주주결의안을 제출했다. 환경 위험의 관리 소홀이 곧 주주이익의 감소로 이어진 순간 투자자로서의 원칙 설정과 그에 근거한 주주행동주의를 실행한 것이다. 세레즈의 원칙은 이후 환경투자의 나침반이 되어 수많은 에코펀드들에게 투자의 항로를 제시했다.

이상을 살펴보니 윤리투자의 투자 방법론은 그들의 윤리관 내지 삶의 원칙과 결부되어 있음을 알 수 있다. 환경투자의 방법론 역시 그들의 원칙과 신념에 상응하는 투자 원칙을 정하고 투자를 실행함으로써 원칙과 방법의 일관된 체계를 설정하고 있음을 또한 알 수 있다.

그 밖의 경우를 생각해 보자. 만일 동물보호운동을 펼치는 재단이 그들의 여유자금으로 주식투자를 한다면 최소한 동물실험을 하는 제약 회사나 모피 회사 등에는 투자하지 않을 것이다. 인권 신장 및 억압 정권에 반대하는 사회단체가 투자를 한다면, 적어도 그들은 억압 정권 국가에서 사업 활동을 하는 기업들에 투자하는 것에 심사숙고할 것이다. 노동3권을 주장하는 단체라면 노조 설립을 불허하는 기업에는 투자하지 않을 것이다. 양성평등을 주장하는 단체에서 투자를 한다면 남녀 고용 평등 우수기업에 투자해야 옳다. 중소기업발전기금은 중소기업과 상생협력 우수기업에 투자하거나, 최소한 상생협력을 등한시하는 기업에는 투자하면 안 될 것이다. 만일 그런 기업들에 투자한다면 그것은 그들의 설립정신과 배치되며 그 존재기반마저 흔들릴지 모르는 일이기 때문이다.

만일 그 투자 행위가 지속된다면 그 단체들의 원칙에 동조하여 지지를 보낸 회원들은 후원을 철회하고 회비 납부나 기부금 지원을 중단할지 모른다. 따라서 그 단체들은 지속가능성에 종지부를 찍게 될 가능성이 매우 높다.

그러나 문제는 앞서의 단체들처럼 구성원의 가치관 등이 단순 명쾌한 단체들에서 발생하지 않는다. 즉 다양한 이해관계와 가치관, 사회의식, 투자관 등이 얽히고설켜 도무지 공통분모를 식별하기 어려운 단체나 기관들에서 일어난다. 예컨대 연금펀드나 사회책임형 공모펀드처럼 복잡다기한 수익자나 가입자들로 구성된 곳에서는 특히 그렇다. 이들 중에는 반기독교적 세계관을 가진 이들도, 환경 부문을 비용으로 인식하는 사람들도, 모피코트 애호가도, 노조운동 반대론자도, 북한을 억압 정권 이전에 같은 민족으로 규정하는 인사들도, 더불어 이들과 대척점에 선 사람들도 제각각 존재하기 때문이다.

이런 상황에서 사회책임투자를 실행하기 위해 ESG 프레임워크('프레임워크'는 틀, 체계로 해석할 수 있다)나 기준을 투자에 반영하게 되면 자칫 극단적인 이해대립의 문제가 발생할 수 있다. 동시에 '수탁자 책무<sub>Fiduciary Duty</sub>'나 '신중한 투자자의 원칙<sub>Prudent Investor Rule</sub>'이라는 간접투자의 핵심 원칙을 위반할 수도 있다. 즉 비재무적 요소를 특정 입장에서 주관적으로 해석하여 투자에 반영하면 자칫 투자 수익률에 제약이 가해질 수도 있기 때문이다. 따라서 입장이나 생각이 다른 구성원들이 반발할 것은 불 보듯 뻔하다.

여기서 사회책임투자 펀드의 운용자들은 딜레마에 빠지게 된다. 이 진퇴양난의 돌파구는 무엇일까? 그 해답은 선문답처럼 들릴지 모르지만, 아주 단순한 곳에 있다. 바로 민주적 절차의 토론과 합의를 거쳐 투자 원칙과 가이드라인을 설정하고, 그것들과 투자 방법을 일렬 정돈한 후엔 그대로 실행하는 것이 정답이다.

이런 고민을 먼저 했기 때문일까. 우리보다 앞서 사회책임투자를 확대하고 있는 영국의 경우는 연금펀드의 운용자Trustee로 하여금 투자 원칙SIP, Statement of Investment Principles을 정하여 발표하게 한다. 그리고 그 원칙 내에서 어느 정도로 ESG를 고려할 것인지, 어느 정도 수준으로 ESG 관련 안건에 의결권을 행사할 것인지를 포함시킨다. 따라서 사회책임투자의 운용자들은 이렇게 정해진 원칙과 가이드라인을 충실히 따르면 된다. 그러고 나면 사회책임투자 실행 과정의 문제는 매우 복잡한 가치판단의 영역에서 원칙을 이행했는지의 차원으로 축소되고 단순화될 수 있다. 즉 선과 악, 윤리성과 비윤리성, 평등과 불평등, 정의와 부정의라는 매우 주관적·철학적 담론으로부터 원칙을 어떻게 충실히 따랐느냐의 문제로 단순화될 수 있다는 말이다.


물론 우리나라로 돌아와 보면 '원칙 설정과 적용'이란 말은 참 요원하게만 느껴지는 것도 사실이다. 변화무쌍한 증권시장에서 '원칙 따로, 실행 따로'에 익숙한 펀드 운영자들에게는 더더욱 그렇다. 그러나 '원칙을 따르며 책임을 지는 투자'야말로 곧 '사회책임투자'의 다른 이름이다. 어차피 이 세상에 지고의 단일한 절대적 가치가 존재하지 않는 한, 사회책임투자의 운용자가 붙들어야 할 금언은 바로 이것이다. 합의되어 그들에게 주어져 있는 원칙 말이다.

2

# 이제는
# 지속가능경영이다

**지속가능경영은 주주이익과 이해 관계자이익의 절충** 새로운 패러다임, 새로운 문제제기 – '주주 이론'에 대항하는 '이해관계자 이론' / 주주 이론에 대한 오해들 / 두 이론의 발전적 통합 **'기업의 사회적 책임CSR'의 역기능을 경계하며** 기업의 이익과 공익이 양립할 수 있을까 / 몇 가지 의심 사례들 / CSR 관련 정부기능 강화되어야 **지속가능경영의 이해** 양심과 양보라는 이름의 신호등 / 자유시장경제의 구루, 밀턴 프리드먼을 추모하며 / 산책로와 음악회장의 사회책임 **지속가능경영은 기업에게 이익이 되나** 사랑 주는 기업, 사랑받는 기업 / 투자의 두 마리 토끼 사냥 / 삼성 비자금과 시장의 '보이지 않는 귀' / 창조적 자본주의Creative Capitalism는 기업의 신성장 동력 **금융의 사회책임경영** 국내 은행들의 사회책임경영 / 증권회사의 원초적 사회책임이란?

# 지속가능경영은
# 주주이익과
# 이해관계자이익의
# 절충


## 새로운 패러다임, 새로운 문제 제기


### | '주주 이론'에 대항하는 '이해관계자 이론'

IMF 외환위기 이후 10여 년 동안 우리나라 자본시장에서 외국 투자가들의 영향력은 크게 증대했다. 그리하여 우리 증권시장은 새로운 경험을 하게 된다. 이러한 변화 과정 속의 화두는 바로 '주주 이론Shareholder Capitalism'일 것이다. 외국인이건, 내국인이건, 또 주식을 다량 보유한 대주주이건, 소액주주이건, 장기 보유자건, 단기 보유자건, 주주는 국적, 수량, 보유기간 등에 상관없이 기업의 주인이기에 기업경영은 그 주인의 이익에 최대한 초점을 맞춰야 한다는 것이다.

부연하자면, 주주 이론은 자본은 주주로부터 나온 것이고 주주는 최후순위 청구권을 갖는 가장 큰 위험 보유자이기에 다른 이해관계자와 구별되어야 하며, 더 나아가 회사 자본의 운용·투자·집행에서도 주주이익을 최우선적으로 고려해야 한다는 신념 위에 서 있다. 따라서 주주이익을 거스르는 일체의 경영 행위는 기업경영의 본질에서 일탈한 것으로 간주한다.

일찍이 노벨 경제학상 수상자 밀턴 프리드먼Milton Friedman은 다음과 같이 말하며 주주 이론을 강력히 지원한 바 있다.

기업의 유일한 사명과 사회적 책임은 딱 한 가지가 있다. 그것은 법이 정하는 테두리 안에서 주주이익을 극대화하는 것이다.

그의 말을 인정한다면 기업은 주주이익을 극대화할 때 비로소 납세 의무와 고용창출 기회를 보다 많이 얻을 수 있으며, 이를 통해 사회에 대한 책임을 감당하게 된다. 이러한 주장과 이론을 바탕으로 삼아 지난 수년간 우리 사회에 주주이익이라는 새로운 패러다임이 굳게 뿌리를 내렸다. 참여연대로 대표되는 소액주주 운동, 기업지배구조에 대한 담론들, 집단소송제의 도입, 2004년 일어났던 SK와 소버린Sovereign Investment의 갈등, 2006년 라자드 펀드(일명 '장하성 펀드')가 제기했던 태광산업에 대한 주주행동주의, 같은 해에 일어난 스틸파트너스와 칼 아이칸Carl Icahn 연합세력의 KT&G에 대한 주주 제안 등은 바로 새로운 패러다임에 편승한 주주들의 봉기 내지는 일대 반란과도 같은 사건들이다.

그러나 이러한 새로운 경험들은 또 다른 문제를 제기한다. 과연 기업은 주주들만의 전유물인가 하는 물음에서부터 주주이익에 반하는 일체의 기업 행위는 기업 목적에 반하는 것인가 하는 의문, 더불어 진정한 의미의 주주이익이란 도대체 무엇인가 하는 질문까지 다양하고도 복잡하다. 더구나 전 세계적으로 유례를 찾기 힘든 독특한 경제개발 과정을 거쳐 온 우리나라의 경우 '영미자본주의식 주주이익'이라는 명제를 이른바 '글로벌 기준'으로 인정하고 무비판적으로 수용해야 하는 것인가 하는 의문을 갖지 않을 수 없다.

예컨대 역사적으로 우리나라 기업들은 경제개발 제일주의의 기치하에 세제 지원, 생산, 자금, 사업 인허가, 소비·노동운동 등에서 다양한 부문들로부터 다양한 형태의 지원과 특혜를 제공받으며 성장해 왔음은 주지의 사실이다. 이 과정을 돌이켜 볼 때, 우리나라의 상당수 재벌 기업들이 오직 주주들의 자본과 노력 그리고 위험 감수에 의해서만 얻어진 결과물이라는 주장은 우리 사회의 현실에서는 제한적일 수밖에 없다. 오히려 그들은 주주뿐만이 아니라 국내의 대다수 소비자, 금융기관, 근로자, 하청업체 그리고 사회 각 부문의 땀과 희생의 산물이기에, 어찌 보면 전술한 이해관계자들에게 상당량의 부채 또는 부담Liabilities 을 지고 있다 해도 과언이 아니다.

이러한 문제 제기와 더불어 최근 국내에서도 새로운 관점과 이론들이 목소리를 높이고 있다. 다름 아닌 '이해관계자 자본주의Stakeholder Capitalism'다. 이 이론은 기업의 주인은 주주뿐만이 아니라 기업을 구성하는 다양한 주체들(예컨대 종업원, 소비자, 납품업체, 채권단, 지역사회 등 모두를 포괄한다)이라는 입장에 있다. 이 이론에 따르면 경영진은 주주에 대한 책무뿐만 아니라 각종 이해관계자들에 대한 책무도 동시에 지며, 기업의 목적도 이익 극대화뿐만 아니라 계속기업Going Concern으로서의 지속가능한 발전 능력을 고양시키는 것까지 포함하게 된다. 이 이론은 설사 이해관계자들의 이익이 기업의 이익 총량을 감소시킨다 하더라도 그 이해관계자들의 이익은 보호되어야 한다고 주장한다. 다시 말하자면, 주주 이론하에서 이해관계자들의 이익은 이익 극대화라는 기업 '목적'을 실현하기 위한 '수단'으로 폄하되는 반면, 이해관계자 이론하에서라면 이해관계자들의 이익은 '수단'이 아니라 그 자체가 바로 '목적'이 될 수도 있는 것이다.

따라서 이 이론의 신봉자들은 주주이익만을 위한 기업경영 행위에 대해 강도 높은 비판의 목소리를 내고 있다. 예컨대 배당 성향의 확대 정책, 자사주 매입 후 소각, ROE(자기자본 이익률)와 EPS(주당 순이익) 등에 초점을 맞춘 재무 정책은 자칫 잘못하면 주주들의 이익을 위해 다른 이해관계자들의 이익을 빼앗는 격이 될 수도 있다고 지적한다. 무엇이 진실인지 주주 이론과 이해관계자 이론에 대해 좀더 자세히 알아보자.

### 주주 이론에 대한 오해들

우리나라에서 두 이론은 상당히 극단적으로 전개되는 느낌이다. 그 둘은 도저히 접점을 찾을 수 없는 평행선처럼 그려지고 있기 때문이다. 과연 그 둘은 만날 수 없는가? 그리고 우리나라에서는 왜 이렇게 극단적인 논쟁이 벌어지고 있는가?

우선 첫 번째 질문에 대해 답하자면, 나는 결론적으로 그 둘은 양립할 수 있다고 말하고 싶다. 최근의 논의는 잘못된 이해의 배경에 있거나, 아니면 우리나라 사람들의 토론 기술의 미숙함에서 비롯되었다고 생각하기 때문이다. 그럼 우선 국내에서 흔히 범하는 주주 이론에 대한 세 가지 몰이해를 제시하면서 각각의 문제점들을 짚어 보자.

첫째, 주주 이론은 경영자들에게 기업의 이익 증대를 위해서라면 수단과 방법을 가리지 않고 어떤 행위도 할 수 있고 또 그것은 정당화되어야 한다고 생각하게 할 수 있는 이론이라는 시각이 있을 수 있다. 그러나 이것은 오해다. 진정한 주주 이론이라면 모든 경영 행위는 게임의 룰을 지키면서 합법적으로 추구되어야 한다. 각종 규제와 규율을 지키는 것이 비용을 증대시키며 경영 여건을 악화시킨다 하더라도 그것들은 지켜져야 한다. 따라서 그렇지 않은 기업경영은 사이비 주주 이론에 근거하고 있다고밖에 볼 수 없다.

둘째, 주주 이론은 장기적 기업 이익을 희생하며 단기이익만을 추구한다는 시각이 있을 수 있다. 그러나 보다 사려 깊고 합리적인 많은 주주 이론 신봉자들은 '계몽된 자기 이익Enlightened Self-interest'을 추구할 것을 주장한다. 물론 여기서 말하는 '계몽된 자기 이익'이란 단기적 이익이 아니라 장기적 이익, 즉 지속가능한 이익을 의미할 것이다.

셋째, 주주 이론은 경영자가 사회공헌 프로그램을 실시하거나 종업원의 사기 진작을 위한 자금 지출을 금지하는 이론이라는 시각이 있을 수 있다. 그러나 주주 이론 역시 그러한 노력을 지원한다. 시스코Cisco System의 네트워크 아카데미를 비롯한 여러 외국 기업들의 사회공헌 프로그램에서 그 예를 찾을 수 있는 것처럼, 보다 집중적이며 전략적인 프로그램들은 장기적으로 주주이익에 우호적이며 기업 성장에 순기능으로 작용함을 우리는 경험적으로 알 수 있다.


그럼 두 번째 질문, '왜 우리나라에서는 이 두 이론 간에 극단적인 논쟁이 벌어지고 있는가' 하는 물음에 답해 보자. 우선 나는 이런 오해들이 발생하게 된 이유가 다음과 같은 미국식의 이론과 경험들을 기계적으로 차용한 데 있다고 생각한다. 먼저 '주체와 대리인 간의 갈등 이론Principal-Agent Conflicts'에서 말하는 것처럼, "만일 주주가 경영자들에 대한 유인책 제공에 실패하거나 경영 감독을 게을리 한다면 기업의 이익을 최대화하는 데도 당연히 실패할 것이다"라는 주장이다. 그런데 이 주장에도 오류가 있다. 기업의 주체를 주주로만 제한할 뿐 아니라 이익에 대한 개념을 단기이익 추구로만 한정하고 있다는 점이다.

또 다른 주장은 '주체-대리인 논쟁'의 연장선상에서 펼쳐진다. 1980년대 이후 미국에서는 많은 기업 사냥꾼들Corporate Raiders이 등장한다. 이들은 저평가된 기업들의 주식을 사 모은 후 기존 경영자들을 내쫓고, 회사를 쪼개 팔기도 했다. 비록 그러한 적대적 기업인수가 수익성 극대화의 최적 행위인지에 대한 객관적 증거는 부족하지만, 어쨌든 그러한 적대적 기업인수의 위협이 상존함으로써 경영자들은 적어도 공개적으로는 주주 이론을 천명할 수밖에 없다. 즉 주주이익 자체에 올인하거나 주주들에게 최적의 이익을 배분한다는 것을 제1원칙으로 삼을 수밖에 없다. 그렇지 않을 경우 그 기업들은 주식시장에서 외면당하거나 기업 사냥꾼들의 표적이 될 가능성이 매우 높기 때문이다.

그러나 앞서 이야기했듯이, 위의 두 가지 대표적인 주장들은 우리나라 현실에는 맞지 않다. 우선 우리나라는 미국과 역사적 경험이 다르다. 경제개발을 본격적으로 시작한 이래 우리나라의 기업들은 사실상 이해관계자 이론의 토양에서 성장해 왔으며, 주주 이론의 등장은 기껏해야 IMF 외환위기 이후부터라고 해도 과언이 아니다. 여기서 주체를 주주로만 엄격히 한정하는 영미식의 주주 이론과 이해관계자들까지 포섭해야 하는 우리 현실과의 충돌은 어쩌면 당연한 귀결일 것이다.

또한 우리나라는 기업 인수합병에 대한 문화와 토양에서도 영미와는 다르다. 즉 영국이나 미국에서 인수합병은 대개의 경우 잘못된 기업경영을 교정Correction하는 시장의 작용으로 간주되며, 그에 대한 참여자들의 생각도 가치중립적이다. 따라서 특정 기업의 주식이 내재가치 이하에서 거래되면 그 기업들은 항상 기업 사냥꾼들의 표적이 되고 인수 대상이 되는 것을 당연하게 받아들인다. 그런 교정 기능이 상존함으로써 경영자들은 항상 최적의 기업경영을 추구한다고 믿기 때문이다. 그에 비해 우리나라에서는 그러한 적대적 기업인수 행위가 합리적 경영의 관점을 떠나, 아직은 부정적으로 받아들여지고 있다. 이는 아마도 기업 소유권이나 경영권은 시장의 거래 대상이 아니라 창업자가 갖는 일종의 기득권적 프리미엄이며 기업에 대한 청구권은 주주만의 우월적 전유물이 아니라는 생각이 바탕에 있기 때문일 것이다. 따라서 대개의 경우 적대적 인수 시도가 아닌 단순한 주주권의 행사마저도 적대적 M&A와 동일시되면서 주주권의 행사자는 지배주주에 비해 차별 대우를 당하는 위치에 머물러 있다.

그러면 계속해서 두 이론의 발전적 통합 방안에 대해 생각해 보자.


## 두 이론의 발전적 통합


영미에서도 오랫동안 주주 이론과 이해관계자 이론은 상호 대립되는 것으로 이해되어 왔다. 즉 이해관계자이익을 도모하게 되면 주주이익은 감소한다거나 혹은 그 반대의 상황도 벌어질 수 있다고 생각했다. 그러나 최근 이것은 '잘못된 이분법'으로 해석되는 경향이 짙다. 변화하는 시대에 맞지 않는 낡은 시각으로 평가절하되는 추세다. 오히려 양 주체 간 상호이익을 도모하는 것이 장기적으로 볼 때 서로에게 이익이 된다는 주장은 최근 다음의 네 가지 배경에서 설득력을 더해 가고 있다.

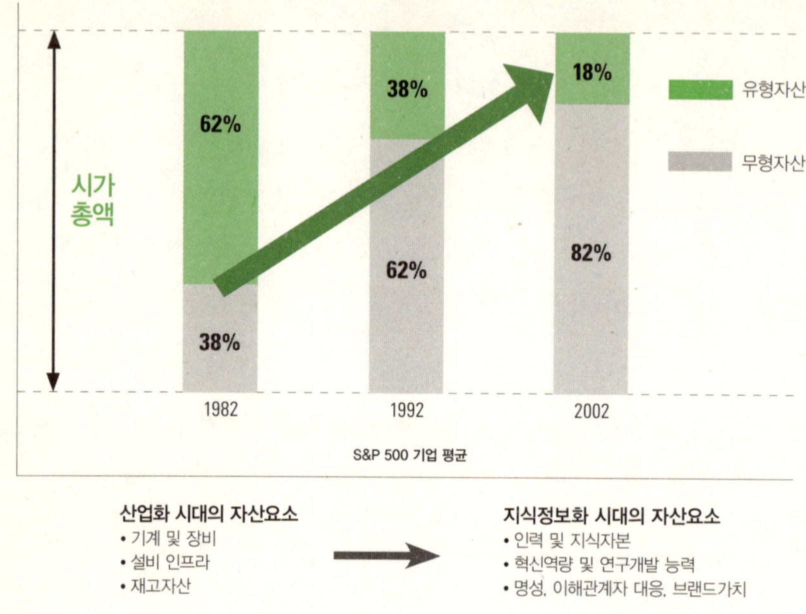


(자료: 유진 다음, "S&P 500 기업 평균 분석", 크랜필드 비즈니스 스쿨, 2003)

첫째, 기업의 소유 문제에 대한 인식론적 변화 때문이다. 즉 '주주가 기업의 주인'이라는 인식은 초기 자본주의의 산물일 수 있다. 현대의 지식정보 산업 사회에서 자산의 개념은 변화하고 있기 때문이다. 즉, 토지, 기계, 건물 등의 유형자산의 개념에서 종업원의 지적 자산, 상표, 특허, 기술, 혁신 역량, 프로세스 효율성 그리고 실무경험 등의 무형자산 개념으로 자산 구성요소의 중심추가 이동하고 있기 때문이다. 자본Financiers 못지않게 고도로 전문화된 재무기법Finance도 중요하며, 창의성과 아이디어가 요구되는 지식정보산업에서 설비·하드웨어와 아울러 종업원의 경험과 지식 역시 핵심 요소라는 점 등이 그러한 변화를 뒷받침한다.

둘째, 경영 패러다임이 크게 바뀌고 있다. 이른바 무한 경쟁하에서 기업이 존속·발전하기 위해 새로운 전략과 기법들이 요구된다. 예컨대 고객과의 관계 설정을 얼만큼 구체적으로 제고하느냐에 따라 기업의 성패가 좌우된다고 보는 고객관리경영CRM, 경영평가에서 각종 이해관계자들의 관점에서 다면적으로 평가하는 균형평가표BSC, 기업경영의 전후방에 위치하는 협력업체들을 효율적으로 관리하는 것을 중요하게 판단하는 공급망 관리SCM 등은 이제 기업경영이 전통적인 회사처럼 회사 내부나 단일 회사만을 잘 관리한다 해서 성공할 수 없음을 웅변적으로 말해 준다.

셋째, 환경 규제 등의 강화다. 주지하다시피 2008년 온실가스 감축에 관한 국제 협약인 '교토의정서Kyoto Protocol'가 발효되었다. 이는 부속서 1에 포함된 선진국 기업들에게 환경요소가 추가적인 생산비용이나 세제 발생 요인으로 작용할 수 있다는 사실을 의미한다. 따라서 환경 문제에 기업들이 어떻게 대응하느냐에 따라 기업의 경쟁력이 좌우된다. 우리 기업들에게도 이러한 현상은 '강 건너 불'이 결코 아니다. 이제 '발등의 불'로 다가오고 있다. 2009년 코펜하겐에서 개최된 제15차 유엔기후변화협약 당사국 총회UNFCCC COP, Conference of the Parties under the United Nations' Climate Change Convention에서 개도국과 선진국들의 의견 차이로 구속력 있는 합의를 도출하지는 못했지만, 각 국가적 차원에서의 자발적인 감축 노력은 지속적으로 전개될 것으로 예상된다. 특히 국제사회로부터 지속적으로 의무감축을 요구받아 온 우리나라는 현 정부 들어서 이와 관련한 적극적인 정책목표를 제시하고 있다. 즉 2020년까지 BAUBusiness As Usual, 별도의 감축 노력이 없을 때의 온실가스 배출량 기준으로 30% 감축을 천명하고 있기 때문이다. 따라서 과거 우리 기업들 상당수가 별다른 규제 없이 내부 비용을 외부에 전가해 온 행위Cost Externalization에 대해 각종 규제와 감시가 더욱 강화될 것이다. 이러한 변화에 맞춰 각종 온실가스를 효율적으로 관리할 수 있는 기술을 갖추고 친환경경영을 도모하는 기업들은 유무형의 사회적 혜택은 물론 매출 증대 및 비용 절감을 통해 이익을 제고할 수 있을 것이며, 그것은 곧 기업 가치의 증대로 이어질 것이다.

넷째, '지속가능한 발전Sustainable Development', 혹은 기업의 사회적 책임Corporate Social Responsibility이라는 개념의 전면적 등장이다. 과거 이 개념은 고루한 종교 집단이나 사회운동가·시민단체들의 전유물로 여겨진 것도 사실이다. 그러나 여러 사회책임투자 지수들DJSI, FTSE4GOOD, Domini Social Index을 통해 사회적·윤리적·환경적으로 우수한 회사들의 기업 실적이나 주가가 그렇지 못한 기업들보다 우월함이 장기 경험적으로 입증됨으로써 이제는 연·기금이나 보험회사 등의 장기 투자자들도 투자 시 이 개념을 더 적극적으로 활용하고 있다. 이러한 추세에 발맞추어 기업을 평가하는 새로운 지표들이 속속 도입·발전되고 있다. 재무적 견지에서는 기업의 장기가치를 평가하려는 경제적 부가가치EVA, 투자현금흐름수익CFROI 등의 지표들이 더욱 정교하게 발전되고 있다. 그 밖에도 Caux Principles for Business(1994), The UN Global Compact(1999), The Global Reporting Initiatives(2002), Principle for Responsible Investment(2006) 등의 기업의 사회책임 관련 기준이나 원칙들이 등장하고 있다. 무엇보다 2004년부터 추진되어 2010년 11월 1일부터 시행되고 있는 국제적 사회책임 가이던스인 ISO26000은 기업들에게 사회책임이라는 이슈를 더욱 깊이 인식시키는 기폭제가 될 것이다.


'주주 이론'과 '이해관계자 이론'은 결코 진공 속에서 존재하지 않는다. 양자는 사회의 상·하부 구조와 긴밀히 연계될 때, 각기 사회 발전과 이론 발전의 추동력이 될 수 있다. 따라서 우리는 양 이론에 대한 흑백논리 식의 접근보다는 양자의 통합 과정에서 우리 사회나 경제에 순기능할 수 있는 요인들을 선별하는 시도가 바람직하다. 그러할 때 비로소 우리 자본시장에 우호적이며 생산적인 논쟁의 장을 마련할 수 있을 것이다. 그것이 가능하려면, 양자의 논리를 정확히 이해하고 적절히 수용하려는 절충적 시도가 필요하다. 즉, 이익이 발생하지 않는 회사가 어찌 종업원들을 만족시킬 수 있겠으며, 종업원의 사기가 떨어진 회사가 장기적 관점에서 어떻게 생존할 수 있겠는가 하는 관점하에서 말이다.

따라서 기업경영자들과 투자자들 그리고 정부 관료들을 비롯한 언론들까지 새로운 사고와 시각을 갖게 해야 한다. 우선 그들은 그들의 언어 및 사고 체계를 '주주 가치<sub>Shareholder Value</sub>'라는 말에서 '기업 가치<sub>Corporate Value</sub>'라는 말로 바꿔야 한다. 자칫 주주 가치라는 말은 기업경영 목표가 오로지 주주 이익만을 위한 것으로 한정할 우려가 있기 때문이다. 또한 그들에겐 기업이 이해관계자들의 이익을 추구할 때 그것이 곧 기업 가치로 자연스럽게 연결된다는 믿음과 그에 근거한 다양한 전략의 수립이 요구된다.

이런 점에서 세계적 경영 전략가인 미국 하버드 대학의 마이클 포터<sub>Michael Porter</sub> 교수의 개념 틀은 상당한 시사점을 준다. 그는 기업의 경쟁 환경에서 네 가지 핵심 요소들(투입변수 조건, 해당 지역의 수요 조건, 관련 지원 산업, 기업의 전략과 경쟁 맥락)을 제시하면서, 이것들은 서로 밀접한 연관을 맺고 있기 때문에 이들 중 어느 하나라도 소홀히 취급된다면 그 기업의 지속가능한 경쟁력은 외부 조건들에 의해 급격히 약화될 것이라고 엄중히 경고하고 있다.(69쪽 박스 참조)

주주이익은 기업경영의 결과이지 결코 그 자체가 목적이 될 수 없다. 그리고 주주이익은 앞서 언급했듯이 다양한 이해관계자들의 이익이 함께 고려되고 제고될 때 그 결과물로 자연스럽게 얻어지는 것이다. 따라서 이해관계자의 이익과 주주이익은 기업 가치라는 동전의 양면을 이룬다 해도 과언이 아니다. 그런 면에서 유니시스<sub>Unisys</sub>의 로렌스 와인바흐<sub>Lawrence Weinbach</sub> 회장의 말은 음미할 만한 충분한 가치가 있다.

"만일 당신이 당신의 종업원들과 고객들과 납품 업체들 그리고 지역사회를 행복하게 만든다면 자연스럽게 당신의 주주들도 행복하게 될 것이다."

### 마이클 포터의 '다이아몬드 프레임워크'

1998년《국가의 경쟁우위 *The Competitive Advantage of Nations*》를 통해 처음 제시됐다. 경쟁력을 평가함에 있어 기존 경제학 이론이 생산 요소만을 지나치게 강조하는 데 반해 마이클 포터 교수는 투입변수 조건, 해당 지역의 수요 조건, 관련 지원 산업, 기업의 전략과 경쟁 맥락을 모두 평가해야 기업과 조직의 문제점을 해결하고 지속가능한 경쟁력을 확보할 수 있음을 강조한다.

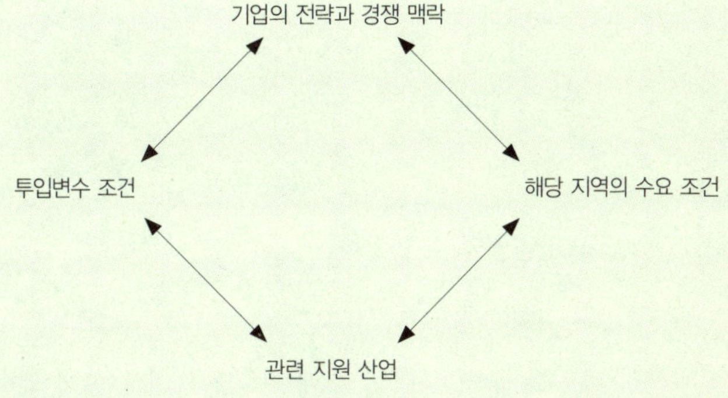


투입변수 조건: 인적 자원, 물리적 자원, 지적 자원, 재정적 자원 그리고 사회 기반 시설

해당 지역의 수요 조건: 수요가 커질수록 기업들이 고품질의 제품을 생산해야 한다는 압력도 커지게 된다

관련 지원 산업: 관련 산업이 공간적으로 근접해 있을수록 경쟁력은 강화된다.

기업의 전략과 경쟁 맥락: 경쟁은 기업들에게 생산성 제고와 혁신에 대한 압력을 준다.

# '기업의 사회적 책임CRS'의
# 역기능을 경계하며



## 기업의 이익과 공익이 양립할 수 있을까

하버드 대학의 마이클 포터와 마크 크래머Mark Kramer는 〈하버드비지니스 리뷰HBR〉 2006년 12월호에 "전략과 사회Strategy and Society"라는 논문을 발표한 바 있다. 그들은 그 논문을 통해 CSR의 전략적 가치를 어떻게 극대화할 수 있는가에 대한 참신한 주장을 펼쳤다. 즉 CSR이 해당 기업의 전략 및 핵심사업과 연계될 때 단순한 '비용 지출'이나 '자선 행위'를 넘어 기업에게 새로운 혁신, 기회, 그리고 경쟁력 배가를 통해 기업 가치를 증대해 줄 것이라는 주장이 그것이다.

그러면서 그들은 '인사이드아웃Inside-Out'과 '아웃사이드인Outside-In'이라는 두 가지 전략 맵을 제시한다. 전자는 기업의 내부에서 외부의 사회적·환경적 이슈를 바라볼 수 있게 하는 틀이다. 따라서 그 틀을 활용함으로써 기업들은 그들의 다양한 경영 행위들과 관련된 CSR 이슈들을 판별해서 관리할 수 있다. 반면 후자는 기업의 바깥에서 기업 내부를 바라보게 하는 틀이다. 이 틀을 제시할 때 그들은 포터의 유명한 다이아몬드 프레임워크를 사용했다.

아웃사이드인에 따르면 기업의 CSR 전략도 다음의 네 가지 측면에서 입안·실행되어야 한다고 말한다. 투입변수 조건Factor Conditions, 해당 지역의 수요 조건Local Demand Conditions, 관련 지원 산업Related and Supporting Industries, 기업의 전략과 경쟁 맥락Context for Firm Strategy and Rivalry의 측면이 그것이다. 예컨대 '기업의 전략과 경쟁 맥락' 측면에서 CSR 활동은 '공정하고 개방된 경쟁 수준의 제고', '합리적 법적 규제 수준의 확보', '법적 기준 마련' 등을 위해 준비되고 추진되어야 한다는 사례까지 제시하고 나섰다.

이러한 포터와 크래머의 주장에 대해 강력히 이의를 제기하는 학자도 있다. 미국 클린턴 행정부 시절 노동부 장관을 지낸 로버트 라이시Robert Reich가 바로 장본인이다. 기본적으로 그는 기업의 이익과 공익은 양립하기 힘든 개념으로 인식한다. 그의 말을 빌리자면 "기업을 인격화해서 사회적 책임을 강요하지도 말고, 공익을 위해 활동한다는 기업의 말을 믿지도 말라"며 기업의 사회적 책임에 대해 분명한 입장을 밝혔다. 이러한 생각에는 '기업의 목적은 바로 이익을 극대화하는 것'이라는 밀턴 프리드먼의 주장이 근저에 있다. 따라서 그는 생래적으로 이기적인 조직에게 공익성과 이타성을 기대하는 것은 연목구어적이며, 거칠게 표현하면 '고양이에게 생선가게를 맡기는 격'의 발상으로 치부한다.

이러한 지적에 대해 크래머 역시 한 블로그에서 부분적으로 동의를 표했다. 즉 라이시가 구시대적 관점에서 CSR 문제를 바라보고 있을지라도, 정부의 개입이 필요한 영역에서 CSR이 기업들의 로비 활동을 적절하게 포장하고 정당화하는 수단으로 활용될 수 있다는 점을 인정했다. 즉, 그는 CSR의 미덕을 강조하는 기업들이 표리부동하게도 그들에게 유리한 정책 법안의 수립을 위해 은밀하고 교묘하게 로비 활동을 벌이는 것을 목격할 때마다 매우 짜증난다고 푸념하고 있다.


## 몇 가지 의심 사례들

### | BP 사례

2010년 5월 21일자 〈뉴욕타임스〉는 텍사스만 원유 유출 사고에 대한 환경 오염수준을 평가해야 할 환경연구소들 모두가 텍사스 인근의 석유 가스서비스업체 소속이어서 석유대기업의 영향력에서 벗어나기 힘든 구조라고 경고했다. 이번 평가를 통해 BP가 이번 사고에서 어느 정도의 책임을 져야 하는지가 가늠되고 그에 따라 피해 보상액의 수억 달러가 좌지우지된다. 그러나 지역 관리들은 연방정부가 선정한 환경연구소의 독립성을 심각하게 의심하고 있다. 조사의 독립성을 의심하게 하는 사례는 또 있다. 예를 들어 미국 연안의 석유 시추를 관장하는 광물관리청의 차관보가 이번 사건의 장본인인 BP에서 8년간 근무한 인물이라는 점이다. 그는 BP에서 보건증진을 위한 환경관리, 안전 및 비상대응 프로그램 등 다양한 분야에서 고위직을 거친 뒤 정부에 들어갔다. 과연 그런 인물이 BP에 객관적이고 엄정한 규제를 가할 수 있을까.


### | 제약 회사 사례

다국적 제약기업들의 장기간에 걸친 특허 독점은 늘 뜨거운 논제다. 세계무역기구<sub>WTO</sub>의 주요 협정 중 하나인 무역 관련 지적재산권 협정<sub>TRIPs</sub>은 지적재산권을 제법특허가 아닌 물질특허로 보장하고 그 기간을 무려 20년 으로 늘려 놓았다. 이러한 기간 연장에 따라 당연히 해당 제약 회사들에게 는 천문학적인 이윤이 보장된다. 이러한 특허법 문제가 제기될 때마다 제약 회사들의 치밀하고 전략적인 로비 문제가 제기되고 있다.

국내 제약업계를 돌아보자. 과거 언론에 보도된 내용을 보면 국내 주요 제약 회사들은 의사들의 성향을 분석해서 4개 그룹으로 관리하고 있다고 한다. 영향력이 크고 판촉에 가장 민감한 '1그룹'에 분류된 의사들이 속한 학회에는 기부금을 내고 각종 지원을 한다. 또한 그들과 관련된 학회나 심 포지엄 등을 지원하고 지속적으로 관리하면서 해외 학회 참여에도 각종 지원을 아끼지 않는다. 이 모든 학술연구활동 지원은 사회공헌 명목하에 벌어지는 리베이트 행위와 다름없다.

## | 담배회사 사례

담배가 인체에 해롭다는 사실은 누구나 안다. 그럴수록 담배회사들의 로비 및 마케팅 활동은 더욱 정교해지고 있다. 담배가 폐암을 유발한다는 문제는 차치하고, 최근 들어서는 흡연을 하면 생식능력이 저하된다는 의 학 보고가 이어졌다. 그런 와중에 2006년 6월 캐나다 몬트리올에서는 다 국적 담배회사인 필립모리스의 연구비를 지원받은 학자들에 의해 비타민 E가 생식력을 높일 수 있다는 연구 결과가 발표되었다. 필립모리스의 '병 주고 약 주는' 격 아닌가.

지난 10여 년 동안 국내에서 담배 소송을 맡아온 배금자 변호사는 국 가암정보센터에 올린 글에서 법적 규제까지 원격조정하려는 담배회사들 의 엄청난 로비 폐해를 다음과 같이 지적한다. 즉 소비자의 생명, 신체, 재산을 보호하기 위해 물품 등의 성분, 함량, 구조 등 안전에 관한 중요한 사항을 반드시 기재할 의무가 있으며, 식품위생법에서도 식품첨가물, 화학적 합성품의 규제와 유독 위해물질을 함유한 식품을 판매금지하고 있다. 그러나 담배업계의 엄청난 로비의 결과로 유독 담배에 대해서는 첨가물에 대한 규제가 전혀 없으며 담배회사는 이를 이용하여 소비자의 생명, 신체를 보호하기는커녕 오히려 소비자를 더욱 중독시키는 데 몰두하여 이윤을 챙기고 있다.

## CSR 관련 정부 기능 강화되어야

나는 포터와 크래머의 전략적 CSR에 상당 부분 동의하지만, 라이시의 경고에도 주목한다. 즉, 기업이 그들의 가치사슬 내의 다양한 활동을 친환경적·친사회적으로 그리고 투명하게 실행해야 한다는 점에는 기본적으로 동의하지만, 그 범위를 공적 영역에까지 지나치게 확장하는 접근에는 비판적이다. 그것은 지나친 월권이다. 예컨대 기업의 기획전략 부문과 지배구조의 개선, 재무보고나 지속가능보고 수준의 투명성 등을 연결짓는 것은 바람직하나, 전략적 로비를 통해 자사에 유리한 규제나 정책이 입안될 수 있게 지원하는 행위는 위험하다는 의미다. 이러한 로비 활동에는 학자들에 대한 각종 지원 및 협찬, 의원들에 대한 행사 지원 및 정치자금 제공, 공무원들과의 긴밀한 관계 유지 등이 포함되고, 그들은 경제적 지원과 협찬을 매개로 기업 부문과 상당한 커넥션이 필요한 집단 유형들이다.

문제를 우리나라로 가져와 보면 더욱 심각하다. 우리나라는 오랜 기간 관官 주도의 경제발전 과정에서 부적절한 정경유착, 민관유착의 부끄러운 역사가 있다. 또한 우리나라는 학연, 지연 등으로 연결되는 이런 저런 커넥

션하에서 다양한 부패기제가 여전히 작동함을 부인하기 힘들다. 따라서 이러한 기제가 사라지지 않는 한, 기업 부문이 그들의 CSR 활동을 공적 영역에까지 지나치게 확장하는 것은 순기능보다 역기능이 클 가능성이 매우 높다. 무엇보다 포터와 크래머가 아웃사이드인에서 제시한 '기업의 전략과 경쟁 맥락Context for Firm Strategy and Rivalry' 등의 네 가지 측면이 고려되어 기업의 CSR 활동이 전개된다면 우리나라는 속칭 '삼성공화국'에 더하여 '기업공화국'화 할 것이다.

즉, 기업들은 산학지원활동으로 포장하여 치밀하게 학자들을 포섭해 갈 것이다. 포섭되어 기업의 연구비 지원을 받은 학자들은 해당 기업으로부터 결코 독립적일 수 없다. 스스로 독립성을 강변한다 하더라도 그것을 믿을 만큼 세상은 순진하지 않다. 또한 기업들은 자사에게 유리한 입법과 정책 입안을 위해 정치인들과 관료들에게 접근하여 온갖 지원을 한다. 물론 자사의 유리한 정보와 전문성을 제공하면서 말이다. 무엇보다 공익적 성격을 띠는 업종들, 예컨대 의료, 식품, 교육, 환경, 교통, 에너지, 통신, 금융 등과 같은 업체들은 공익성이라는 명목을 내세워 매우 적극적으로 이러한 활동에 개입할 것이다. 앞서 제시한 의심 사례들이 유형적으로 흡사하게 재연될 개연성이 높다. 자칫 CSR은 정부 실패를 통한 또 다른 시장 실패Market Failure의 요인이 될 수 있다.


그렇다면 이제 막 출발지를 떠난 CSR을 어떻게 바람직한 목적지로 인도할 것인가. 그 긍정적인 순기능을 더욱 높이고, 앞서 언급한 부작용을 최소화할 근본적 처방은 무엇인가. 나는 정부 부문의 CSR 정책 강화가 매우 중요하다고 생각한다. 이를 위해 유럽연합과 영국을 벤치마킹할 필요가 있다. 유럽연합과 영국의 경우에는 정부의 CSR 정책을 총괄하는 CSR국을 두고 있다. 이들은 CSR 분야의 전문성과 기업으로부터의 독립성을 확보하고 TBL<sub>Triple Bottom Line 경제·환경·사회 부분 평가</sub> 실적을 제고할 만한 기업 활동을 독려하지만, 다른 한편 정부가 컨트롤 타워 역할을 자임하면서 업계의 다양한 활동을 규제하고 통합하기도 한다.

기업은 기본적으로 이타적일 수 없다. 그리고 기업들에게 이타성을 강요할 수도 없다. 따라서 외형적으로 이타성을 띤 기업의 공익 활동에는 대부분 나름의 숨겨진 사연과 이유가 있거나 의도하는 목적이 있음을 알아야 한다. 그러나 그것이 공익의 영역을 과도하게 침범하지 않는다면, 그것은 사회와 기업의 지속가능한 발전에 긍정적 기여를 할 수 있다. 따라서 적극적으로 환영할 일이다. 그러나 그것이 과도하게 공적 영역을 침범하면 앞서 언급했듯이 CSR로 인한 시장 실패가 일어날 수 있다. 따라서 전문성과 객관성이 담보된 규제자의 역할 강화와 규제의 틀이 전략적 CSR 확대와 발맞춰 함께 확대되어야 한다고 생각한다.

# 지속가능경영의 이해

## 양심과 양보라는 이름의 신호등

영국에는 우리와 다른 독특한 교통체계가 있다. 바로 '라운드어바웃Roundabout'과 '제브라 크로싱Zebra Crossing'이다. '라운드어바웃'은 우리나라 식으로 말하면 사거리 교통체계다. 그런데 이 사거리에는 신호등이 없고 그저 사거리 한가운데 둥그런 화단이나 원형의 그림이 그려져 있을 뿐이다. 그럼에도 사거리의 각 방향에서 진입하는 차량들은 무슨 신호 체계에 의해 움직이는 것처럼 일사불란하고 사고 없이 사방으로 달려 나간다.

알고 보니 그런 일사불란함이 가능한 이유는 '우측 차량 우선 진입 원칙'이라는 약속 때문이었고 모든 운전자들이 그 약속을 지키기 때문이었다. 예컨대 모든 운전자들은 사거리에 진입하기 전에 속력을 줄이고 오른쪽을 바라본다. 그 순간 차량이 없으면 운전자는 우선권을 갖고 재빨리 '라운드어바웃'을 돌아 목적 방향으로 향하면 된다.

'제브라 크로싱'은 횡단보도다. 그러나 여기서도 신호등이 없다. 신호등 대신 횡단보도 양편엔 얼룩무늬 기둥만이 우뚝 서 있다. 그럼에도 보행자가 길을 건널 때 모든 차량이 일제히 멈춰서는 이유는 다름 아닌 '보행자 우선 원칙'이라는 약속 때문이고 그 약속을 지키기 때문이었다. 즉 운전자들은 얼룩무늬 기둥만 보면 보행자에게 우선권이 있다는 사실을 인지하고 이를 그대로 따른다. 이러한 교통체계는 신호등에 의한 강제가 아니라 합의된 약속을 자발적으로 지키는 마음속의 신호등에 의해 작동되는 것이다. 그 마음속의 신호등을 작동시키는 프로토콜은 다름아닌 '양심과 양보'다.

이 신호등의 작동에는 유지·보수 비용이 필요 없다. 한번 설치해 놓으면 컨트롤 타워도, 관리 인력도, 전기료 등의 각종 비용도 필요 없다. 고장이라도 나서 사거리의 차량이 엉켜 큰 불편을 감수할 이유도 없다. 또 무엇보다 운전자들이 보행자도 없는 횡단보도에서 빨간불이라는 이유로 우두커니 서 있거나 차량도 없는 사거리에서 순서대로 신호등이 바뀌기만을 기다리며 시간을 허비할 필요도 없다.

이처럼 지속가능경영이 추구하는 방향은 바로 경제의 '라운드어바웃'과 '제브라 크로싱'을 만들고 그것들을 매끄럽게 작동시키는 것과 유사하다. 지속가능경영 이전에 이러한 양심과 양보에 의해 자발적으로 작동되는 경제 시스템은 경제학의 아버지인 애덤 스미스에서부터 꿈꿔 왔던 인류의 오랜 과제다. 즉 누군가 강제하지 않아도 시장의 참여자들이 시장의 보이지 않는 손에 의해 공정한 게임을 벌이는 자유시장경제 말이다.

그렇다면 인간들의 이기적 욕구로 인해 재화나 용역 등의 부가가치를 창출할 수 있다고 주장한 애덤 스미스는 인간의 사욕에 의한 공정한 경쟁에 대해 낙관론을 편 것인가. 그 해답을 우리는 《국부론》 이전에 그가 저술한 《도덕 감성론*The Theory of Moral Sentiments*》에서 찾을 수 있다. 그는 이 책에서 인간들이 자기중심적인 세계관을 갖고 이기적으로 행동하는 것처럼 보이지만, 인간의 내면에는 일종의 '공평한 구경꾼*Impartial Spectator*'이 존재하기 때문에 항상 누군가 자기를 내려다보는 것처럼 상상한다고 말한다. 따라서 자기 자신만을 위한 이익을 추구하기보다는 양심이라고 하는 이 무언의 조언에 귀기울일 때가 많다고 이야기한다.

어찌 보면 애덤 스미스가 1776년 《국부론》에서 말한 그 유명한 '보이지 않는 손'은 바로 인간들의 양심과 양보라는 이타적 심리를 전제로 하는지 모른다. 미국 하버드 대학의 경제학 명강사였던 토드 부크홀츠*Todd Buchholz*는 이렇게 말한다.

자유시장경제체제는 한 이기적 인간이 아침에 일어나 창밖의 세상을 바라본 후, 천연자원으로부터 자신이 원하는 것 대신 남들이 원하는 것을 생각하게끔 유도한다. 그것도 자신이 팔고 싶은 양만큼이 아니라 남들이 사고 싶어 하는 양만큼, 자신이 꿈꾸는 가격이 아니라 남들이 인정하는 가격에. (이승환 옮김, 《죽은 경제학자의 살아 있는 아이디어》)

그러나 애덤 스미스가 꿈꾸던 그런 시장은 현대에 들어와서 실패하고 있다. 즉 인간의 이기심과 이타적 심성이 적절히 조합하여 '보이지 않는 손'을 만들고 그것에 의해 시장이 작동되고 있다는 애덤 스미스의 가설이 현대에 와서는 맞아 떨어지지 않는 것이다. 왜일까? 자본주의 발달 과정에서 인간 유전자에 변형이라도 일어난 걸까? 현대 경제학자들은 이러한 시장실패*Market Failure*가 일어나는 원인을 시장 참여자들의 이기심에 근거하여 크게 네 가지로 설명한다.

첫째, 부정적 외부화Externalities다. A화학의 사례를 들어 보자. 이 회사는 생산 과정에서 유독성 화학물질이 잔뜩 들어 있는 폐수를 공장 근처에 슬그머니 흘려 버렸다. 폐수 처리를 하거나 물 재활용을 위해서는 무시하지 못할 비용이 들어가기 때문이었다. 따라서 회사 입장에서는 비용을 외부로 전가함으로써 절감했을지 모르지만, 그 강을 친구 삼아 산책을 즐기거나 가끔 낚싯대를 드리웠을 지역 주민들에게는 이만저만 불쾌한 사건이 아닐 수 없다. 이러한 사실이 언론을 통해 알려지면서 경쟁사인 B화학도 발끈하고 나섰다. A화학이 자꾸 가격 인하 경쟁을 유도한 배경에는 이처럼 회사 내부의 비용을 사회의 비용으로 전가하며 가격경쟁력을 키운 외부화란 놈이 있었다는 것을 알게 되었기 때문이다. '보이지 않는 손'의 한쪽 손가락에 상처가 생기는 순간이다.

둘째로, 공공재의 문제다. 미국 캘리포니아 대학의 인류생태학 교수를 지낸 가렛 하딘Garrett Hardin은 1968년 〈사이언스〉에 실린 "공유지의 비극Tragedy of the Commons"이란 논문에서 신선한 생각거리를 던졌다. 공공재 혹은 가렛이 말하는 공유지란 특정인이 소유하고 있는 대상이 아니라 물, 공기, 삼림, 어족 자원 등을 말한다. 그런데 문제는 그에 대한 수요가 급증하면서 무한정 공짜로 공급될 것으로 여기고 있던 공공재들에 이상한 일이 생기기 시작했다는 점이다. 원양어선으로 참치를 낚아 팔던 A수산의 예를 들어 보자. 이 회사는 최근 심각한 고민에 빠졌다. 최근 수년 동안 중국 어선들이 국제적으로 합의된 그물코의 규격을 무시한 채 남획을 일삼아 포획량이 점점 줄고 있기 때문이다. A수산은 유엔 해양법협약에 제소를 준비하고 있다. 이 상태를 방치하면 중국 어선으로 인해 참치의 씨가 마를 것이고 따라서 참치 시장도 붕괴될 것이 불 보듯 뻔하기 때문이다.

셋째로, 독점 문제를 들 수 있다. A소프트사는 M오피스를 개발하여 출시했다. 이 소프트웨어는 후발 경쟁자가 들어오기 전에 시장을 선점해 버렸다. 어느 정도 사용자가 많아지면서부터는 아예 다른 소프트웨어가 시장에 발붙이기 어렵게 됐다. 이 소프트웨어를 사용해야만 직장을 얻게 되고 다른 사용자들과 호환될 수 있기 때문이었다. 또한 A소프트사는 미리 벌어서 챙겨 놓은 풍부한 자금력으로 다른 회사가 우수한 제품을 개발하는 족족 그 기술을 사 버리거나 해당 회사를 아예 통째로 인수해 버렸다. 이처럼 경쟁사와 경쟁제품이 없는 상황에서 A소프트사는 시장을 좌지우지했다. 가격을 슬그머니 올려도 대안이 없는 소비자들이 울며 겨자먹기 식으로 계속 사 쓰니 회사는 일 년에 몇 차례씩 가격을 올린다. 시장의 완전경쟁에 의해 적정가격이 결정된다는 시장 원칙은 박물관에 가게 되는 순간이다.

넷째로, 정보의 불완전한 유통이다. 국내 최대 증권사인 A증권은 글로벌 자산배분 전략을 구사하는 I펀드를 시장에 내놓는다. 전 세계적으로 보면 나라마다 경기호황과 사이클의 시차가 있다. 그 시간차를 적극 활용하면 펀드 포트폴리오의 위험과 기회가 적절하게 관리될 수 있다는 점에서 설득력이 있다. 적어도 이론적으로는 그럴듯하다. 그러나 막상 그 운용 내역을 들여다보면 초심이 변했거나 아니면 판단 착오를 일으켰거나 둘 중 하나다. 특정 국가 위주로 포트폴리오가 짜여 있기 때문이다. 특정 국가 쏠림 현상에 편승하다 보니 완전히 특정국에 코 꿰인 모양새다. 그러나 대부분의 펀드 가입자들은 이 상세한 곡절을 모르고 그저 막연히 A증권의 명성을 믿고 해당 상품에 가입한다. 설명을 듣고 약관을 보고 운용 내역을 봐도 복잡하고 아리송할 뿐이다. 여기서 운용사와 가입자 간 정보의 격차가 발생한다. 이런 형태의 펀드가 자꾸 드러나면 소비자들은 더 이상 펀드 판매 시장을 신뢰하지 않는다. 펀드 시장의 최대 회사가 양치기 소년이 되는 순간이다.

그 밖에도 시장을 망가뜨리는 일들은 또 있다. 그중 이른바 '대리인 문제Agency Problem'와 '제한된 합리성Bounded Rationality'을 들 수 있다.

우선 '대리인 문제'에 대해 이야기해 보자. 주주 자본주의하에서 기업의 주인은 주주고, 전문경영진들은 주인의 자산 관리를 대신 맡은 대리인에 불과하다. 그런데 이 대리인이 주인의 이익보다 자신의 이익에 몰두할 때 다양한 문제가 생겨난다. IMF 외환위기 이후 발생했던 국내 몇몇 재벌들의 분식회계 사건들은 이러한 '대리인 문제'의 대표적 사례다.

'제한된 합리성'이란 기업의 어리석음과 어설픔 때문에 일어난다. 기업도 사람들이 하는 일이라 실수를 범할 수 있기 때문이다. 그들이 잘못된 프로세스를 적용하거나 기술을 잘못 사용할 때 사고가 일어날 수 있다. 그런데 개인들이 사고를 칠 때 그 영향은 비교적 국지적이고 제한적이지만 기업들이 사고를 치면 그 파급효과는 실로 엄청날 수밖에 없다. 그리고 그 결과로 수많은 사람들과 사회 전체가 고통을 대신 짊어져야 할 경우도 발생할 수 있다. 이러한 일이 자꾸 되풀이되면 시장은 '보이는 주먹'이 되어 사회 구성원들을 괴롭히게 된다.

시장실패 요인들처럼 도로교통에서도 교통실패가 일어날 수 있다. 아무리 훌륭한 법규와 시스템을 세우고, 신호 체계와 같은 각종 교통시설의 선진화를 꾀한다 하더라도 운전자들이 지키지 않으면 그것들은 무용지물이 될 수 있다. 즉 경찰이나 누군가가 감시하지 않으면 일단정지 안 하기, 우측 차량이 달려와도 무시하고 진입하기, 제한속도 위반하기, 보행자가 있어도 마구 달리기, 교차로에서 꼬리 물기 등이 바로 교통실패의 치명적 사례이며 그 요인들이 된다. 이런 교통실패가 자꾸 일어나면 법규나 약속들은 유명무실해지고, 그것은 모두에게 불편을 가져다준다. 이쯤 되면 도로 곳곳은 각종 사고로 얼룩지게 되고 자동차는 문명의 이기가 아니라 흉기가 된다. 마치 시장실패로 시장경제가 우리에게 불편을 주듯이 말이다.

그렇다면 영국의 '라운드어바웃'과 '제브라 크로싱'처럼 시장실패를 막고 시장이 그 사회 구성원들에게 적절한 효율성과 효과성을 가져다주는 체계를 어떻게 만들 수 있을까. 어찌하면 애덤 스미스의 말처럼 인간의 이기심을 적절히 활용하여 사회적 후생을 높일 수 있을까. 그 해법의 단서는 인간에겐 이기심利己心 이전에 이타심利他心이 있다고 설파한 애덤 스미스의 《도덕 감성론》에서 찾아야 한다. 왜냐하면 이타심이 전제되지 않은 순도 100%의 이기심은 인간의 탐욕만을 부추겨 그 당사자는 물론 그를 둘러싸고 있는 사회도 모두 불행하게 할 뿐이기 때문이다.

'지속가능경영'이란, 기업들이 시장경제체제의 룰을 지키며 이익을 추구하도록 독려하고 박수쳐 주는 것이다. 단, 오로지 기업의 이익(주주이익)만을 쳐다보는 순도 100%의 이기심이 아니라 그 기업이 발 딛고 있는 사회의 다양한 이익에도 관심을 갖도록 하면서 말이다. 또한 기업을 둘러싸고 있는 다양한 이해관계자들의 이익에도 어느 정도의 이타심을 발휘하게 하면서 말이다. 적어도 이익을 추구하되 과잉 이기심으로 인해 자유시장경제의 시장이 훼손되지 않는 범위 내에서 말이다.

그리고 무엇보다 '지속가능경영'은 탐욕과 독선으로 망가져 있는 시장 참여자들의 양심과 양보라는 이름의 신호등을 고쳐 밝은 불이 들어오게 하는 데 주안점을 둔다. 즉 시장경제의 '라운드어바웃'과 '제브라 크로싱'을 원활하게 작동시키는 것이 지속가능경영의 중요한 역할이다. 이렇게 되면 결과적으로 그들(시장 참여자들)의 주 활동 무대인 시장의 효율성이 높아짐으로써 그들에게 다시 혜택이 돌아가게 되니, 역설적이지만 '이타성의 이득'을 누리게 됨으로써 시장 참여자들의 만족도가 높아질 것이다.

## 자유시장경제의 구루, 밀턴 프리드먼을 추모하며

2006년 11월 16일은 세계 경제사에 오래 기록될 날이다. 자유주의 경제학의 거두인 밀턴 프리드먼이 세상을 떠나며 경제사에 한 획을 그은 날이기 때문이다.

그는 1960~1970년대에 신 통화주의New Monetarism를 전면에 내걸고 당대의 주류였던 케인스 학파의 논리에 정면으로 맞섰다. 1956년 그는 화폐수량설을 개량하고 새롭게 검증한 논문을 냈고, 이어 1963년 슈워츠A. J. Schwartz와 함께 《미국금융사A Monetary History of the United States, 1867~1960》라는 방대한 보고서를 완성한다. 이러한 학문적 업적을 인정받아 마침내 그는 1976년 노벨 경제학상을 수상했고, 이후 수많은 추종자들을 이끌고 '시카고 학파'를 진두지휘하기도 했다.

그러나 그는 '기업의 사회적 책임CSR'을 연구하는 진영에게는 그리 달가운 존재가 아니었다. 그는 1970년대 〈뉴욕타임스〉에 '기업의 사회적 책임은 바로 이익을 증대시키는 것이다The Social Responsibility of Business is to Increase Its Profits'라는 유명한 칼럼을 기고했고, 《자본주의와 자유Capitalism and Freedom》에서 기업은 그것을 소유하고 있는 주주들을 위한 도구일 뿐이라고 일갈했기 때문이다. 이후 그의 논리는 기업의 사회적 책임을 공격하는 학자들에게 매우 유용한 논거로 자주 차용되어 왔다.

그럼 과연 그가 그 유명한 칼럼에서 어떤 이야기를 하고 있는지, 또 그것이 30여 년이 지난 현재 우리나라 상황에는 어떤 시사점을 주는지 한번 생각해 보자.

그 칼럼의 핵심은 이렇게 정리될 수 있다.

> 자유로운 사회에서 기업의 사회적 책임은 단 한 가지만 존재한다. 그것은 기업이 사기와 부정행위를 하지 않는 공정하고 자유로운 경쟁 환경, 즉 게임의 룰을 준수하는 범위 내에서 이익을 증대시키기 위해 그들의 자원을 활용하며 행동하는 것이다.

찬찬히 읽어 보니, 그가 기업의 이익 극대화에서 두 가지 전제를 달고 있는 것을 발견할 수 있다. 우선 '사기와 부정행위가 없는'이라는 전제와 '공정하고 자유로운 경쟁 환경'이라는 또 다른 전제다. 따라서 문구 그대로 해석하자면 "변칙과 범법행위 없이 공정한 완전경쟁 시장하에서 이익을 극대화하는 것이 곧 기업의 사회적 책임이다"라고 재해석할 수 있다.

첫 번째 조건으로 제시된 '사기와 부정행위가 없는'이란 준법과 지배구조 차원의 문제로 해석된다. 그것은 법을 잘 지키고, 이런저런 비자금 금고들을 만들지 않으며, 기업경영진들이 단 한 명의 지배주주나 그 일가에만 목숨 걸고 충성하는 것이 아니라 모든 주주들에 대해 그 지분에 상응한 대접을 하고, 대주주의 탈법적·변칙적 부의 세습에 그들의 귀중한 시간을 허비하지 않는 등의 조건들을 말한다. 이런 면에서 우리 기업들은 모든 주주들에 대해 공정하게 책임을 지고 있는가. 사회에 대해 책임적인가. 몇 퍼센트 안 되는 지분을 보유한(진정한 기업의 주인이라고 할 수 없는) 지배주주에만 책임적인가.

2003년 발생한 SK글로벌 분식회계 사건은 이 첫 번째 문제의 대표적 사례였다. 당시 검찰이 밝혀낸 SK글로벌의 분식회계 규모는 1조 4,000억 원이었다. 이 금액은 재무제표상에서 매출채권 등과 같은 수익성 항목들을 부풀리거나 은행 여신 등의 부채를 줄이거나 누락시키는 방식으로 산정된 것이었다. 이러한 회계 장난은 영업 성격상 SK글로벌 같은 종합상사들에서 손쉽게 행해질 수 있다. 해외에 페이퍼 컴퍼니를 설립하고 이들과의 가짜 거래를 반복적으로 일으키거나 심지어 동일 수출에서 중복 실적을 올리는 식의 수법을 동원할 수 있기 때문이다. 또한 3국간 거래(한 나라 제품을 다른 나라에 중개 수출하는 거래)시 수출 관련 서류를 여러 은행에 돌려 마치 여러 건의 수출 계약이 발생한 것처럼 꾸미는 것도 고전적인 수법 중 하나였다.

물론 SK 변호인단은 이 사건을 두고 과거 40여 년간의 경제개발 드라이브 정책에 원죄가 있다고 목청을 높이기도 했다. 그렇지만 실정법을 어기고 이중장부를 꿰 차는 과정에서 기업주 역시 엄청난 폭리를 취하고 이권의 잔치를 벌였음은 불문가지다. 아무튼 SK글로벌 사건은 21세기 초 국내에서 일어난 가장 큰 사기와 부정행위의 전형이었다.

다음으로 두 번째 조건을 나는 매우 중요하게 다루고 싶다. 즉 '공정하고 자유로운 경쟁 환경'하에서 만들어진 이익이 사회책임적이라는 프리드먼의 견해는 우리에게 시사하는 바가 매우 크기 때문이다. 무엇보다 과거 40여 년 동안 '공정한 시장에서의 공정한 거래'라는 자유시장주의 원칙이 개발경제의 신속한 효율성과 그로 인해 탄생한 재벌 체제의 수직적 집중성에 의해 뒷전으로 내몰렸던 우리에게는 더욱 그렇다.

2006년의 글로비스 사건은 어찌 보면 이 두 번째 문제와 관련된다. 당시 현대차의 오너십 구조를 보면 정몽구 회장이 그룹 총수에 앉아 있는 것은 우습기조차 하다. 2008년 말 기준으로 정 회장의 현대차 지분율은 5.17%에 불과하다. 그러나 그는 현대차 지분을 각각 5.30%, 14.59% 보유하고 있는 현대제철과 현대모비스의 주식을 11.69%, 7.92% 보유함으로써 결과적으로 총자산 32조 원의 현대자동차를 지배하고 있는 것이다. 그는 약 2조 4,000억 원 가치의 지분율을 갖고 전체 자산 32조 원의 현대자동차의 자산을 쥐락펴락하면서 자기이익 강화에 몰두했다. 이 과정에서 다른 현대차 주주들의 이익이 침해되었음은 물론이다.

예컨대 그는 2001년 그의 아들과 각기 60%, 40%의 지분을 출자하여 자본금 50억 원의 글로비스라는 배송 전문회사를 설립했다. 이 회사는 높은 마진율로 현대차 물량을 독식하면서 급성장했다. 이 과정에서 5년 만에 순자산 3,700억 원, 시장가치 1조 2,000억 원의 회사로 급성장하며 두 부자가 챙긴 자본 이득은 약 1조 원에 달했다. 이 섬뜩하면서도 경이로운 사업 실적은 법을 교묘히 피해 총수 일가 외의 대다수 현대차 주주들의 이익을 편취한 결과다.


앞서 살펴보았듯이 우리에게는 기업의 비용을 밖으로 전가하려는 '외부화의 문제', 가격을 왜곡시키려는 '독과점과 담합', 사회적 최적 솔루션을 가로막고 시장을 교란시키는 '불완전한 정보의 조작과 흐름', 재벌 체제만의 잔치인 '내부거래 문제' 등 허다한 시장실패의 형태들이 존재해 왔다. 이렇게 프리드먼의 글을 분해해서 생각해 보니, 그가 말하는 이익이란 화폐단위로 표시된 돈의 총량 그 자체가 아니다. 그가 말하는 '사회적 책임'이란 단순히 돈만 많이 벌라는 의미가 아니다. "개같이 벌어 정승같이 쓰라"는 우리식 속담은 더더욱 아니다. 그보다는 돈을 많이 벌되 구겨진 돈은 벌지 말고, 구린 돈도 멀리하며, 검은 돈은 거부하라는 뜻이다. 다시 말하면, 법과 게임의 룰을 지키고 정직하게 벌어들이는 최적의 이익이 바로 기업의 사회적 책임이라는 뜻이다.

더도 말고 덜도 말고 우리 기업들이, 특히 재벌기업들이 밀턴 프리드먼의 말대로만 사회책임을 이행했으면 한다. 비자금 사건이 터져 사회공헌기금을 구태여 내지 않아도, 분식회계 등의 실정법 위반 이후 공익사업이라는 애드벌룬을 띄우지 않아도, 사회적 물의를 빚은 후 신파조의 광고 문구를 언론지면을 통해 남발하지 않더라도 좋다. 그저 묵묵히 법의 테두리 안에서 경쟁하고 개발하고 마케팅하면 된다. 그것이 곧 밀턴 프리드먼이 말하는 '사회적 책임'이다.

## 산책로와 음악회장의 사회책임

런던 유학 생활을 시작할 때의 일이다. 처음 일 년 남짓 그곳 생활에 적응하기가 참 어려웠다. 입에 맞지 않는 음식, 친절한 것 같지만 비사교적인 영국 사람들의 태도, 조용하다 못해 적막하기만 한 동네 분위기, 변덕스런 날씨 등 눈을 씻고 찾아봐도 맘에 드는 구석이 없었다. 그러나 궁하면 통한다고 했던가. 결국 나는 생활의 활력소를 찾기 위해 두 가지 계획을 세웠다. 그중 첫 번째는 매일 아침 조깅을 하는 것이었고, 그 다음은 내 오랜 취미였으나 십 수 년의 직장 생활 동안 멀리할 수밖에 없었던 음악회를 자주 가는 것이었다. 마침 집 주위엔 훌륭한 산책로가 있었고, 또 30여 분이면 런던 중심가의 유명 콘서트홀에 갈 수 있는 접근성도 갖추고 있었다.

　그것은 내 인생 최고의 결정이었다. 한국에 돌아온 지금까지도 달리기와 음악회 감상을 계속하고 있기 때문이다. 남들은 가끔 중독 상태라고 말하지만 나는 8년 넘게 지속된 이 두 가지 취미만큼 정신과 육체 건강에 좋은 것은 없다고 생각한다.

　그런데 이 취미를 즐기면서 나는 런던의 산책로와 콘서트홀과 우리나라의 그것들과는 큰 차이점이 있다는 사실을 발견했다. 우선 런던의 산책로를 달리면서 나는 다른 산책객들과 부딪히거나 남들 때문에 내 달리기가 방해된 적이 없었다. 달리는 사람은 앞을 살피고 산책객들은 항상 등 뒤를 살피며 혹시 다른 속도의 이용자들, 예컨대 달리는 사람과 자전거를 타는 사람들의 진로를 방해하지 않는지 늘 배려했다. 애완견의 천국인 영국의 산책로에는 여러 종류의 애완견들이 눈에 띈다. 그러나 나는 그 애완견들로 인해 내 조깅의 유쾌함이 반감된 기억 역시 거의 없다. 대부분의 산책객들은 애완견을 끈으로 묶어 남들에게 방해되지 않도록 배려하며, 혹시 애완견이 오물을 배설하면 준비된 비닐봉투로 말끔히 치우기 때문이다.

　또한 나는 런던의 콘서트홀에서 다른 청중의 휴대전화 벨소리에 음악 감상을 방해받아 본 적이 없다. 음악회장에서 소음을 내거나 잡담을 한다는 것은 상상도 할 수 없는 금기이기 때문이다. 누구도 음악회 티켓을 구입했다는 이유로 오랫동안 공들여 무대에 오른 연주자들과 그것을 감상하기 위해 기꺼이 시간을 내고 돈을 지불한 다른 청중의 귀중한 시간을 방해할 수 있는 권리를 갖고 있지 않다.

　그러나 다시 고국에 돌아온 후 나는 정반대의 상황을 자주 접하게 된다. 집 주위의 산책로를 달릴 때마다 간혹 유쾌하지 않은 경험을 하기 때문이다. 우선 삼삼오오 길을 걷는 사람들은 대부분 산책로의 좌우 폭을 점령하고 걷는다. 그런 현상은 그 그룹의 인원수에 비례한다. 인원수가 많을

수록 공공장소인 산책로나 공원은 그들의 안방이 돼 버린다. 산책로와 같은 공공재를 점령하고도 공동 소유자인 다른 주민들에게 전혀 미안해하는 눈치를 발견하기 힘들다. 따라서 달리는 사람들과 자전거를 타는 사람들은 방해받기 십상이다. 또한 부쩍 늘어난 애완견들의 상당수가 통제되지 않음으로써 개를 싫어하는 사람들이나 달리는 사람들에겐 이만저만 불편을 끼치는 것이 아니다.

음악회의 경우도 비슷하다. 국내 유수의 음악회장에서도 휴대전화 벨소리가 울려 음악회의 분위기가 깨져 버리는 일이 다반사다. 몇 달 전 독일의 어느 아카펠라 합창단의 내한 연주회에서 경험한 일이다. 합창단이 피치 파이프Pitch pipe로 첫 음을 잡고 연주하려는 순간 어느 청중의 휴대전화 음악이 울렸다. 순간 합창단의 음정은 일순간에 무너지고 지휘자는 연주를 중단하고 양해를 구한 후 다시 연주를 시작해야 했다. 나는 쥐구멍에라도 들어가고 싶은 심정이었다.

산책로와 음악회장은 다양한 사람들이 함께 사용하는 공간이다. 즉 사유재가 아닌 공공재의 성격을 띤다. 따라서 내 집안에서처럼 하고 싶은 대로 행동할 수 있는 장소가 아니다. 만일 산책로에서 특정인들이 공간을 독점하려 하거나 콘서트홀에서 몇몇 청중이 소음을 낸다면 특정인의 사적 편익 때문에 공동체의 사회적 편익이 제한당하거나 피해를 입게 된다. 이른바 '외부불경제의 효과'가 일어나는 것이다.

국내에서 많이 이야기하는 '기업의 사회적 책임'도 거창한 이슈 같지만 따지고 보면 우리가 생활 속에서 접하는 산책로나 음악회장의 문제와 유사하게 접근할 수 있다. 특정 기업이 시장을 독점하려 하고 기업의 비용을 사회적 비용화하며 공공재를 무단 전용한다면 시장을 통한 효율적 자원 배분과 그것을 통한 최적의 생산은 이뤄지지 않는다. 결국 공급 과잉이나 부족 현상이 발생하여 시장은 존재 기반을 상실하게 된다.

기업의 사회적 책임은 결국 기업 이해관계자들의 사회적 책임 수준을 반영한다고 나는 믿는다. 좋은 시스템과 윤리 헌장도 중요하지만 그것을 만들고 실행하는 기업 구성원들이 인식을 바꿔야 한다. 그 인식 전환의 출발점은 산책로나 음악회장과 같은 각자의 일상생활에서 먼저 찾아야 할 것이다.

# 지속가능경영은
# 기업에게
# 이익이 되나



## 사랑 주는 기업, 사랑받는 기업

1988년 하버드 대학의 데이비드 맥클랜드David McClelland 박사 연구팀은 흥미로운 실험 결과를 발표하며 새로운 단어를 만들어 냈다. 이른바 '테레사 효과The Mother Teresa Effect'가 그것이다.

그 실험 내용은 이렇다. 맥클랜드 박사는 하버드 대학생 132명에게 인도의 캘커타에서 나병환자들을 돌보고 있는 테레사 수녀의 다큐멘터리 영화를 보여 주었다. 그리곤 그 영화를 보기 전과 후에 학생들의 타액에 있는 면역 글로불린 항체 AImmunoglobulin A의 변화를 체크했다. 놀랍게도 학생들의 대부분에게서 바이러스에 대한 저항력을 높여 주는 S-IgA와 면역 글로불린 항체가 눈에 띄게 증가했다. 맥클랜드 박사는 "선한 행동으로 유발된 감동은 그것을 느끼는 사람들에게 면역력을 높여 주는 생물학적 사이클의 변화<sub>Entrainment</sub>를 일으킨다"라고 말하면서 이를 '테레사 효과'라고 명명했다.

기업도 말하자면 '법이 만들어낸 사람法人'이다. 그렇다면 기업에게도 사람과 같은 생각과 가치관이 존재할 것이다. 그것은 경영철학이나 원칙 등에 담겨 있다. 만일 그 경영철학이나 원칙에 '선한 정신'이 녹아 있다면 법이 만들어 낸 사람, 곧 법인에게도 신체를 갖고 있는 사람과 같이 면역력을 높이는 생물학적 변화와 같은 현상이 일어날까 자못 궁금해진다.

우선 기업의 선한 정신과 행동은 '기업의 사회적 책임'과 맞닿아 있다. 기업의 면역력 증가란 기업의 경쟁력 강화와 가치증대라는 말과 일맥상통할 것이다. 그렇다면 책임경영·윤리경영·지속가능경영·나눔경영·투명경영으로 대표되는 기업의 사회적 책임을 잘하는 기업들에게서 어떠한 경쟁력 강화와 가치 증대 현상이 발생할까? 몇 가지 사례를 통해 생각해 보자.


직장 내 만족도와 충성도를 조사하는 연구기관인 워커 인포메이션<sub>Walker Information</sub>에 따르면, 종업원들은 그들의 회사가 윤리경영을 하고 있다고 생각할 때 회사에 장기 근무할 확률이 그렇지 않은 경우보다 6배나 더 높다고 한다. 이는 곧 종업원의 이직률<sub>Turnover Rate</sub>의 저하를 의미하며 안정적 생산성 향상으로 연결될 수 있을 것이다. 기업의 핵심적 이해관계자인 종업원의 안정은 기업 가치 증대의 필수불가결한 요소로 작용한다.

경영 컨설팅 업체인 타워스 페린<sub>Towers Perrin</sub>은 책임경영으로 명성이 높고 가장 일하고 싶은 직장으로 꼽히는 25개 회사를 심층 조사했다. 여기에는 사우스웨스트 항공, 존슨 앤 존슨, 어플라이드 머티리얼<sub>Applied Material</sub>, 프록터 앤 갬블<sub>Procter & Gamble</sub> 등이 포함되어 있다. 타워스 페린은 이들 기업들의 과거 15년간 실적을 분석하여 다른 기업들과 비교했다. 그 결과, 25개 기업들의 경우 주주에게 돌아간 수익률이 43%인 데 비해 S&P 500의 평균

수익률은 이의 절반에도 못 미치는 19%에 불과했다.(데이비드 뱃스튼, 신철호 옮김,《영혼이 있는 기업》)

앞의 사례를 뒷받침해 주는 유사한 연구가 또 있다. 2007년 미국 벤틀리 대학의 라젠드라 시소디어 Rajendra S. Sisodia 교수를 비롯한 3명의 연구자들은 《사랑받는 기업 Firms of Endearment》이라는 책에서 의미심장한 화두를 던지고 있다. 그들 역시 인간에 대한 실험 결과를 먼저 제시하면서 문제를 설명해 준다.

또한 미국 남가주 대학 University of Southern California 산하 뇌창의성 연구소 Brain and Creativity Institute의 신경과 전문의 안토니오 다마시오 Antonio Damasio는 색다른 연구 결과를 발표한 바 있다. 즉 사람들의 관계 능력과 충성심은 감성에서 비롯된다는 내용이다. 그는 우뇌 전두엽에 심각한 질환을 앓고 있으나 정상적인 사유능력이 있는 환자들을 대상으로 연구했다. 이 연구 결과, 우뇌는 1차·2차 감성 작용을 일으키므로 이곳에 문제가 있는 환자들은 심각한 자의식 손상을 겪고 있었으며, 이 경우 인간관계에서의 충성심을 유지시키는 능력이 훼손됨으로써 다른 사람들과 교제하는 능력에 문제가 생긴다는 점을 밝혀 냈다.

이 실험을 역으로 해석해서 기업에 적용해 보자. 즉 기업을 둘러싸고 있는 다양한 이해관계자들과 교제하면서 좋은 관계를 맺고 있는 기업들이 어떠한 성과를 내고 있느냐가 바로 이 실험의 포인트다. 예컨대 시소디어 교수는 전통적인 주주 중심적 경영에서 벗어나 '이해관계자 관계경영 SRM, Stakeholder Relationship Management'으로 시야를 넓혀 경영하는 기업 그리고 주주 가치뿐만이 아니라 감정적·실험적·사회적 그리고 재무적 가치까지 아우르며 이를 균형 있게 추구하는 기업들에 천착하고 있다. 그는 이러한 기업들을 일컬어 '사랑받는 기업 Firms of Endearment'이라고 선언한다. 이들 기업들이 고객들에게 마음을 열면 고객들은 그들의 지갑을 여는 것으로 화답할 것이다. 이러한 현상은 종업원·협력업체·지역사회에게도 똑같이 일어날 것이다. 이렇게 보면 '사랑하면 곧 사랑받는' 이치는 기업의 영역에서도 통용되는 진리인 모양이다.

그렇다면 이렇게 '사랑받는 기업'들의 주주 가치는 어떨지 살펴보자. 우선 시소디어 교수는 사랑받는 기업을 선정하는 과정에서 일체의 재무적 기준을 사용하지 않았다. 그 대신 전 세계 수천 명의 경영대학원 교수, 마케팅 전문가, MBA 학생 그리고 1,000명의 소비자들에게 후보 기업 리스트를 알려 주고 몇 가지 질문을 던지면서 기업을 압축해 나갔다.

- 이 기업이 존재하여 세상이 더 좋아졌다고 생각합니까?
- 어느 기업에 충성스런 고객이 많다고 생각합니까?
- 어느 기업이 파트타임 근로자들을 잘 대우하고 있다고 생각합니까?
- 그들은 협력업체와 좋은 관계를 유지하고 있습니까?
- 그들이 사업을 확장하려고 할 때 지역사회는 우호적입니까 아니면 적대적입니까?
- 그들은 환경을 파괴한 일이 있습니까?
- 그들은 불황기에 적절히 대처하고 있습니까?

이것들을 포함한 여러 질문들을 통해 그는 아마존Amazon, 비엠더블유BMW, 캐터필러Caterpillar, 커머스 뱅크Commerce Bank, 혼다Honda, 팀버랜드Timberland, 할리 데이비슨Harley-Davidson 등의 30개 기업들을 추려냈다. 그리고 그는 이들 기업의 주가 실적을 S&P 500 기업 그리고 짐 콜린스Jim Collins가 말한 '위대한 기업'들과 각각 비교했다. 우선 S&P 500과의 비교에서 '사랑받는 기업'은 2006년 6월말까지의 10년 주주수익률에서 1,026%를 기록한 반면, S&P 500은 122%에 불과했다. 무려 8배 이상의 차이를 보인 것이다. 또한 5년 간의 비교에서는 각각 128%와 13%, 3년 동안은 73%와 38%의 차이를 나타내며 압도적 우위를 나타냈다.

그러면 '위대한 기업'과의 비교에서는 어떤 결과가 나왔을까 궁금해진다. 다음 결과를 보자.

- 10년 동안 '사랑받는 기업'은 1,026%, '위대한 기업'은 331%
- 5년 동안 '사랑받는 기업'은 128%, '위대한 기업'은 77%
- 3년 동안 '사랑받는 기업'은 73%, '위대한 기업'은 75%

이쯤 되고 보니 기업도 사랑을 먹고 자라는 모양이다. 선한 생각을 이해관계자들에게 전하고 그 반대급부로 사랑을 받으면 성장하는 이치는 우리네 인간들과 비슷하다는 생각을 하게 된다. 하기사 기업을 구성하는 핵심 인자에서 사람을 제하고 나면 무엇이 남을까도 싶다. 또 기업과 유무형의 거래를 하고 있는 이해관계자도 결국 사람임을 감안하면 앞서의 두 가지 실험들에서 의미하는 바를 곱씹어 볼 필요가 있다.

"선한 마음을 갖기만 해도 면역력이 증대된다", "따뜻한 사랑의 마음을 외부에 전할 때 외부로부터 사랑을 받고 관계가 돈독해진다", "이렇게 되면 상호 선순환적 관계를 형성하게 된다"라는 가설은 점차 주류 경영학의 관점에서도 다각도로 검증될 만한 가치가 충분하다. 그리고 이러한 가설들은 이미 기업의 사회적 책임, 지속가능경영이라는 옷을 입고 기업의 옆에 와 있다.

사정이 이런데도 여태껏 다른 이해관계자들을 희생시키며 이익의 높이를 키우려는 기업들은 결국은 허물어질 바벨탑을 쌓는 것과 다름없을 것이다. 기간과 생각의 크기를 조금만 확장하면 이전에는 어리석게 보이던 곳에서 경영의 맥을 잡을 수 있을 것이다.

## 투자의 두 마리 토끼 사냥

욕심이 과하거나 목표점이 다를 때를 일컬어 "두 마리 토끼를 잡으려 한다"고 말한다. 사냥감의 방향이 같으면 한 번에 두 마리를 잡겠지만 각각 다른 방향으로 도망가면 우왕좌왕하다가 허탕을 칠 수도 있기 때문이다. 그래서 우리는 불확실한 일거양득보다는 상대적으로 확실성이 높은 일발 목표타를 추구한다. 그렇지만 마음 한 구석엔 늘 찜찜한 구석이 있다. 즉 두 마리 토끼를 한 방향으로 몰고 갈 수만 있다면 최소 비용으로 최대효과를 추구하는 경제학의 기본법칙을 실현할 수 있기 때문이다.

이 '두 마리 토끼론'은 주식투자에도 적용된다. 장삼이사들에게 투자의 목표는 유일하다. 바로 '투자 수익률의 극대화'다. 투자는 직간접적으로 기업의 주주가 되는 것이고 주주가 되면 바로 기업의 오너가 된다는 사실을 반복해서 주지시켜도 그들의 태도는 완강하고 고집스럽다. 더군다나 술 취함, 도박, 포르노를 죄악시하는 크리스천들도 돈만 된다면 거침없이 술 제조회사나 도박회사 등의 오너가 되겠노라고 한다. 그렇지만 이들의 이러한 고집스러움의 이면을 뜯어보면 투자 수익률과 그들이 추구하는 가치는 바로 두 마리 토끼와도 같이 다른 방향성을 지닌다는 사실을 알게 된다. 즉 높은 수익률과 기업의 윤리적 성과는 역의 상관관계가 있기에 윤리성을 강조하면 수익률이 희생당하고 수익률을 추구하면 윤리성이 훼손된다는 이

분법적 도식에서 벗어나지 못하는 까닭이다.

그러나 현대에 들어서 기업경영의 윤리 수준과 기업의 실적은 대립되는 개념이 아니라 상호보완적 개념이라는 사실이 밝혀지고 있다. 즉 장기적으로 보면 투명하고 깨끗한 기업들이 재무실적도 높게 나온다는 사실이 다양한 연구들을 통해 드러나고 있기 때문이다.

이와 관련하여 국내에도 흥미로운 연구 결과가 있다. 사회책임투자 컨설팅 기업 서스틴베스트에서는 한국 오이코크레딧의 '기독교 사회책임투자 원칙'에 근거하여 보다 윤리적이고 투명하고 친환경적인 기업들을 선별하였다. 즉 그들이 선별 기준으로 삼은 지표들은 공정거래, 친환경기업, 유전자 조작식품 관련 여부, 산업재해 발생 정도, 고용평등, 투명경영 수준, 사회공헌 수준, 종업원의 복리후생 수준, 장애인 고용 등 열여섯 가지 지표였다. 이들 지표에 의해 선별된 약 130개 종목으로 구성된 모델 포트폴리오의 수익률을 2005년 1월부터 2008년 3월까지 3년 2개월 동안 역추적 Back-testing해 본 결과, 벤치마크인 종합주가지수의 수익률을 50% 이상 넘는 우수한 결과를 나타냈다.(99쪽 그림 참조)

이는 윤리적·친사회적·친환경적 기업들의 주가실적이 일반적인 기업들보다 훨씬 우수하다는 사실을 실증한다. 일반적으로 주가실적은 기업의 재무실적과 긴밀한 상관성이 있으므로 '윤리적으로 우수한 기업=우수한 재무실적'이라는 가설적 등식을 세워 볼 수 있을 것이다.

이러한 등식이 점차 설득력을 얻어 가는 데는 인류의 기술적 진보와도 무관치 않다. 예컨대 인터넷으로 대표되는 웹2.0의 시대에는 기업 정보에 대한 유통 속도가 광속을 자랑한다. 따라서 눈 깜빡할 사이에 불투명한 기업회계, 불평등한 종업원 정책, 비민주적인 하청업체 관리에 대한 기업 정보는 전 세계를 돈다. 이런 무형의 기업 정보는 기업의 명성과 브랜드와 이

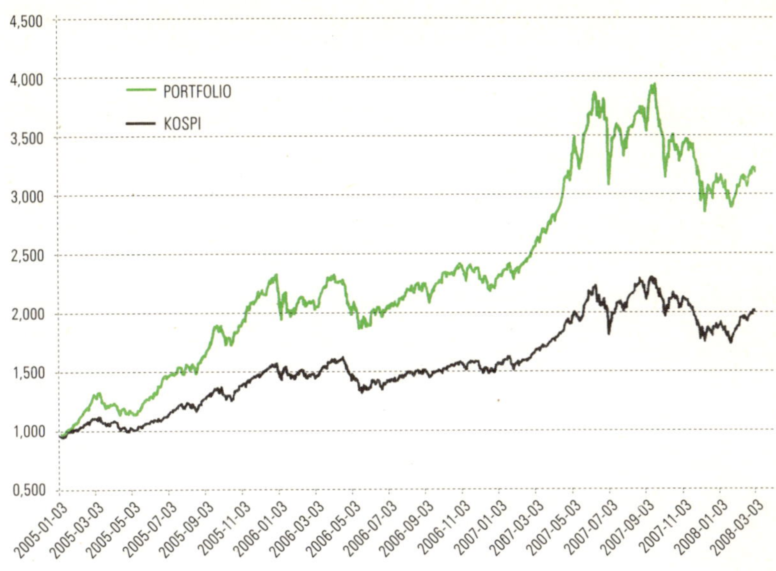


(자료: 서스틴베스트)

미지에 흠집을 내고, 이를 통해 소비자와 투자자들이 가세하면 기업에게 치명타를 가할 수도 있다는 사실이 그 방증이다.

사회책임투자는 기업 실적과 기업의 윤리 수준이 한 방향으로 움직인다는 신념하에 좋은 기업과 높은 수익률을 동시에 잡으려는 투자 방법이다. 따라서 사회책임투자자들은 좋은 기업, 투명한 기업, 이해관계자에 대한 배려 수준이 높은 기업, 환경을 중시하는 기업들을 발굴하려 노력한다. 그러한 기업들을 잘 고르는 일이 결국 수익률에도 긍정적이라고 믿기 때문일 것이다.(100쪽 표 참조)

따라서 '두 마리 토끼론'의 일반 법칙은 사회책임투자의 영역에서는 무력화되고 만다. 그러니 이제 펀드투자의 출발점을 재점검할 필요가 있다. 사회책임투자형 펀드 가입 운동을 통해 기업의 수익성과 사회적 책임성을

**기업경영 환경의 변화**

| SRI와 장기 투자 수익간의 우호적 관련성 증대 | | | | |
| --- | --- | --- | --- | --- |
| **ESG 관련 위험과 기회요소들의 중요성 증대**<br>기업의 장기적 실적과 밀접한 상관성 | | | | |
| 정부/ 국제기구 등의 각종 규제 강화 | 이해관계자의 적극적 참여 증대 | 브랜드와 평판의 중요성 증대 | 기업투명성 및 지배구조 개선에 대한 요구 증대 | 기후변화 및 환경 문제 부상 |
| ISO26000/ GRI/ 제품 안전/ 공정거래 규제 등 | NGO 인터넷 등을 매개로 적극적 연대/ 집단 소송의 확대(담배, 소약주주 운동 등)/ 소비자들의 소비 행태 변화 | 기업 이미지와 무형자산이 기업의 실적에 큰 영향을 미침 | 지배구조의 개선에 따라 기업의 자금 조달 비용 절감 효과 | GHG 및 환경 관련 규제 강화 및 비용 효과 증대/ ETS/ Polluter Pay |

(자료: 서스틴베스트)

한 방향으로 몰고 감으로써 수익률도 얻고 사회책임에도 일조하는 일거양득의 투자사냥에 나설 때다.


### 삼성 비자금과 시장의 '보이지 않는 귀'


몇 해 전 삼성 비자금 문제가 터지고 나서 한 일본 기업인을 만난 적이 있다. 저녁식사 중에 그는 삼성 비자금 사건을 보는 그만의 예리한 시각을 보여 주었다.

"저는 오늘날의 삼성을 일군 힘은 바로 삼성맨들의 높은 충성도였다고 생각했어요. 그러나 이번 비자금 사건을 보면서 생각을 바꿨습니다. 조직의 핵심부에서 최고 대접을 받던 사람이 내부 정보를 폭로하는 일도 '관리의 삼성'답지 못했고, 무엇보다 우리 일본인들 같으면 그 일과 관련된 몇 사람은 벌써 자결함으로써 보스에 대한 충성심을 나타내고 영원히 무덤 속으로 비밀을 묻어 버리려고 했을 겁니다."

그의 말은 다분히 '일본적'이었으나 어쨌든 내겐 섬뜩하게 다가왔다. 그와 헤어지고 돌아오는 차 안에서 나는 다시 그의 말을 음미해 봤다. 과연 죽음이 최선의 비밀 유지 수단일까. 비밀을 매장하는 것이 과연 능사일까. 그리고 그것이 삼성계열의 '기업 가치'와는 어떤 상관성이 있을까. 생각은 꼬리에 꼬리를 물었다.

흔히 죽은 자는 말이 없다고 한다. 설령 우리 검찰에 신통력을 발휘하는 검사가 있을지라도 그것으로 법적 실체를 구성할 수는 없는 노릇이다. 아무리 심증이 간다 하더라도 물적 증거를 강조하는 법체계하에서는, 죽음만큼 완벽한 비밀 유지 수단은 없어 보이기 때문이다. 그래서일까. 삼성은 비리사건 때마다 숨진 전직 임원에게 고스란히 책임을 떠넘겼다. 2003년 대선자금 수사와 관련해서도, 2005년 안기부 X-파일 사건과 관련한 떡값 전달 사건 때도, 그리고 비자금 사건에서도 그랬다. 그가 다 관리했기에 우리는 모른다는 것이 그들이 으레 하는 수법이다.

그러한 삼성의 태도가 옹색해 보인다. 평소 세계 최고의 글로벌기업 운운하는 그들의 태도와 꽤나 대비되기 때문이다. 그리고 이미 삼성이 투명성을 최우선시하는 '글로벌 스탠더드'와 특정인의 사익私益에 올인하는 '총수 1인 체제'의 양 갈림길에서 편향된 선택을 하고 있는 것이 아닌가 하는 우려 섞인 의구심이 들기도 한다. 그렇다면 글로벌 스탠더드의 본고장인 영미에서 이런 사건이 발생했다면 어찌됐을까. 아마도 그들은 환부를 절개하고 들어내고 짜내는 '외과수술'을 감행했을 것이다. 어차피 내부통제Internal Control에 실패한 마당엔 외과수술External Control로 갈 수밖에 없다는 것이 그들의 논거일 터다.

이러한 선택의 근저에는 투명성과 신뢰라는 믿음이 깔려 있다. 원래 비밀이란 어물쩍 덮으려 할수록 유언비어를 양산할 뿐더러, 설령 일시 봉합되었다 하더라도 그 상처는 두고두고 고질병으로 남아 발목을 잡고 애를 먹이는 까닭이다. 이러한 외과수술의 중심에 바로 기업지배구조 담론이 자리 잡고 있다(기업지배구조란 기업경영진[대리인]으로 하여금 투명하게 주주[주체]이익을 대변케 하려는 일련의 과정이자 시스템을 말한다. 이 시스템에서 가장 중요한 주체 중 하나가 바로 주주이며, 이들의 주인의식 및 참여 수준이 회사의 지배구조 수준을 결정한다 해도 과언이 아니다).

물론 삼성비자금 문제로 인해 그룹 총수에게 법적 징계가 가해졌지만, 투자가들 역시 전직 삼성 변호사가 제기한 내용에 대해 면밀히 주목하면서 그와 유사한 문제가 다시 발생하지 않을지 촉각을 곤두세워야 한다. 비자금 조성이나 회계 분식 등의 법 위반 사건이 다시 일어난다면 그만큼 그들의 소중한 돈이 새 나갔음을 뜻하기 때문이다. 그들이 만일 기관투자자라면 그러한 감시 행위가 바로 '수탁자 책임Fiduciary Duty'을 다하는 것이기도 하다.

인류 역사를 '불투명성'에서 '투명성'으로의 이행과정으로 본다면 죽은 자를 팔아 비밀을 매장하려는 것은 역사의 수레바퀴를 거꾸로 돌리려는 것과 유사하다. 굳이 역사까지 들먹이지 않더라도 시장 역시 신통하다. 수천 명의 차명계좌 주인들이 모두 사라진다 하더라도 결국 시장의 '보이지 않는 귀'는 죽은 자와 소통하는 힘이 있기 때문이다. 앞으로도 투자자들이 방관과 방임으로 일관하고, 몇 해 전 사건과 유사한 일이 터질 때마다 삼성 측이 '꼬리 자르기'와 '모르쇠'로 나간다면 결국 비밀은 무덤을 나와 삼성그룹 주식들과 한국 증권시장의 시장가치를 또 다시 디스카운트할 것이다.

## 창조적 자본주의Creative Capitalism는 기업의 신성장 동력

### | 창조적 자본주의란 무엇인가

인류의 가장 위대한 진보는 기술 발전에 있는 것이 아니라, 발전을 통해 불평등을 해소하는 데 있습니다. 민주주의 혹은 양질의 공교육을 통해서든, 훌륭한 보건 서비스에 의해서든 불평등을 줄이는 일이야말로 인류의 가장 위대한 업적입니다.

이 말은 어느 사회운동가의 말이 아니다. 2007년 7월 빌 게이츠가 34년 만에 하버드 대학 졸업장을 손에 쥐고 던진 말이다. 이 연설을 시작으로 그는 우리에게 '창조적 자본주의Creative Capitalism'라는 화두를 던지고 있다. 그런 그가 2008년 1월 열린 다보스 포럼에서 '창조적 자본주의'를 다시 들고 나왔다. 앞서의 연설은 세계에서 가장 우수한 지적 혜택을 누리고 있는 하버드의 교수들과 학생들을 대상으로 행한 것이고, 두 번째는 별들의 잔치라고 불리는 지구상의 가장 영향력 있는 인사들 앞에서 이루어진 연설이다.

그렇다면 빌 게이츠가 말하는 창조적 자본주의란 도대체 무엇인가. 이 질문에 선뜻 답을 찾기란 그리 쉽지 않다. 왜냐하면 창조적 자본주의가 학문적 체계를 갖춘 일관된 이론이 아니기에 그렇다. 일견 가난하고 소외된 계층을 위해 기업들이 적극적으로 나서야 한다는 말처럼 들린다. 다른 한편으로는 자본주의의 근본적 시스템을 새롭게 재창조할 것을 강조하는 거대담론으로 다가오기도 한다.

우선 그가 창조적 자본주의를 들고 나온 배경을 생각해 보자. 매년 아프리카에서는 약 백만 명의 아이들이 말라리아와 같은 질병으로 죽어 가고 있다. 지구상에는 수십억의 인구가 하루 1달러도 안 되는 돈으로 살아

가고 있다. 어떻게 이런 일이 일어나고 있는가. 그 이유는 간단하다. 시장이 아이들을 살리는 일에 대해 보상하지 않고, 정부도 적극 나서지 않기 때문이다. 그러나 그 아이들은 부모가 영향력이 없다는 이유로, 아무런 발언권이 없다는 이유로 죽어 가고 있다.

빌 게이츠는 말한다. 시장이 가난한 자들을 위해 더욱더 잘 작동할 수 있게 만드는 시스템, 이른바 창조적 자본주의를 발전시킨다면 시장은 기업의 이익을 위해 움직일 것이고 최악의 불평등을 겪고 있는 극빈층을 위해서도 작동할 것이다. 또한 정부에게는 납세자들의 가치에 가장 부합하는 방식으로 국가 재정을 집행할 수 있게 할 것이다.

## | 기업 이익 추구와 자선은 양립 개념

이렇듯 그가 행한 두 번의 연설을 자세히 살펴보면, 창조적 자본주의란 기업의 자선활동이나 전통적인 사회공헌에 국한된 개념도 아니고, 자본주의 체제를 새롭게 재편하고자 하는 혁명적 발상은 더더욱 아닌 것으로 보인다. 우선 그는 일관되게 시장의 힘을 더욱 확장시킴으로써 기업은 추가 이익을 창출할 수 있고, 불평등을 겪고 있는 사람들을 제대로 섬길 수도 있다고 주장하기 때문이다. 즉, 기업의 이익 추구 행위와 자선 행위는 대립 개념이 아니라 양립 가능한 명제임을 강조하고 있는 것이다. 〈월스트리트 저널〉과의 인터뷰에서 빌 게이츠는 자유방임 시장경제의 원조격인 《국부론》을 인용하면서 자본주의의 근본정신은 추호도 훼손되어서는 안 된다고 잘라 말한다. 즉 자기이익Self-interest을 추구하는 행위들이 보장될 때 기업과 사회가 동시에 발전한다는 것이다.

그러나 그는 애덤 스미스가 《국부론》보다 17년 앞서서 집필한 《도덕 감성론》에서 언급한 다음의 말에도 천착한다.

아무리 사람들이 이기적이라 할지라도 그 본성에는 어떤 원칙들이 명백하게 존재합니다. 그것은 사람들이 어떤 일로 아무런 대가를 얻지 못하더라도 그 일로 인해 다른 사람들이 기쁨을 얻을 수 있다고 믿는다면, 그러한 일을 행하려는 본성이 있다는 말입니다.

이렇듯 빌 게이츠가 《국부론》뿐만 아니라 《도덕 감성론》을 함께 인용한 의도는 무엇일까. 아마도 창조적 자본주의의 사상적 텃밭을 우리에게 알려주려는 의도가 아닐까 생각된다. 즉 자본주의 '시장의 법칙'은 정글의 논리에 의해 작동되는 것이 아니라 상생과 공존의 원칙에 의한 것임을 일깨워주기 위한 것이다. 따라서 창조적 자본주의는 경제자유와 경제정의는 결코 배타적이지 않은 상호보완적 개념이라는, 경제학의 아버지 애덤 스미스의 기본 공리에 근거하고 있음을 우리는 확연히 알 수 있다.

### | 일회성 즉석 지원보다 시장 변화로 가난 구제

빈곤층을 배려하는 빌 게이츠의 창조적 자본주의는 과연 어떤 방법으로, 어떻게 실행될 수 있을까. 최근 전 세계적으로 논의가 확대되고 있는 '기업의 사회적 책임CSR'의 개념과 적용 사례를 통해 그 답을 찾아본다.

우선 CSR의 역사를 간단히 살펴보자. CSR은 산업화와 글로벌화의 산물이다. CSR 담론이 최근 부상한 것처럼 보이나 그것은 자본주의의 출발과 궤를 같이한다. 자본주의는 초기 산업화와 함께 물질적 풍요를 가져왔지만 노동착취, 환경오염, 부의 불평등 등과 같은 다양한 사회적 문제를 양산했고 그러한 갈등의 중심에는 늘 자본가와 기업들이 있었다. 따라서 CSR은 이러한 갈등을 해결하기 위한 자본과 기업 입장에서의 다각적인 노력의 결과물이다.



이제는
지속가능경영이다

1920~1930년대의 CSR은 기업의 자선 활동적 성격<sub>Corporate Philanthropy</sub>이 매우 강했다. 19세기 말에서 20세기 초까지 카네기와 록펠러 등의 대자본가들에 의한 개인적 차원의 자선 활동들이 기업 부문으로 넘어오면서, CSR은 기업들이 여러 이해관계자들에게 기부하거나 다양한 복지 프로그램을 제공하거나 자원봉사에 나서는 일련의 행위들과 동일시되었다. 이러한 CSR의 추세는 1970년대 노벨 경제학상 수상자인 밀턴 프리드먼의 맹공을 만나기 전까지 이어져 내려온다.

1970년 밀턴 프리드먼은 〈뉴욕타임스〉에 기고한 칼럼을 통해 "기업의 사회적 책임은 한 가지가 있다. 그것은 이익을 증대시키는 것이다"는 유명한 말을 남기면서 CSR에 대한 공세적 입장을 취한다. CSR이란 한정된 자원의 효율적 배분 기능을 '시장 메커니즘'이 아닌 '정치적 메커니즘'에 맡기는 격이며, 그것은 자본주의가 아니라 곧 사회주의라고 비판한다. 따라서 그는 기업에게 주주이익 이상의 사회적 책임을 요구하는 것을 기본적으로 자유시장경제의 기본질서를 뿌리째 뒤흔드는 위협으로 간주한다.

## | CSR 적극적 전략 차원 인식

그러나 1980~1990년대를 거치면서 밀턴 프리드먼과 견해를 달리하는 이론들이 다시 고개를 든다. 아치 캐럴<sub>Archie Carroll</sub>을 비롯한 학자들이 중심인 이른바 '이해관계자 이론'이 바로 그것이다. 이 이론은 기업의 주인으로 주주뿐만 아니라 기업을 구성하는 다양한 주체들인 종업원, 고객, 납품업체, 채권단, 지역사회 모두를 포괄한다. 따라서 기업은 주주에 대한 책무뿐만 아니라 이해관계자들에 대한 책무도 동시에 진다고 주장한다. 이러한 주장은 환경사고, 노사분규, 소비자 불매운동 등과 같은 이해관계자로부터의 위험이 결과적으로 주주이익을 제한한다는 다양한 실증적인 사례들을 통해 힘을 얻었다. 따라서 이 시기의 CSR은 기업의 위험을 관리<sub>Risk Management</sub>하는 도구적 관점에서 집중적으로 조명됐다.

최근 들어 CSR 담론은 또 다시 진화하고 있다. 이제 CSR은 위험을 회피하고 관리해 주는 소극적 차원을 넘어 기업에게 기회를 제공하는 적극적 차원의 전략으로 인식된다. 이러한 담론은 경영 전략의 대가인 미국 하버드 대학의 마이클 포터가 주도한다. 그는 2002년과 2006년 〈하버드비즈니스리뷰〉에 기고한 두 편의 논문들을 통해 CSR은 기업들에게 단순한 자선활동이나 위험관리 수단 이상을 의미한다고 역설한다. 그는 밀턴 프리드먼의 주장에 대해서도 가정의 오류를 지적하며 정면으로 비판을 가한다. 즉, 밀턴 프리드먼의 주장은 '기업의 사회공헌'과 '기업의 재무적 성과'를 대립 관계로만 설정하고 있다는 비판이 그것이다.

## | 무선통신 가격 낮춰 대중화 실현

마이클 포터는 CSR을 전략적으로 접근한다면 기업의 사회공헌과 기업의 이익은 대립이 아니라 상호보완적 관계가 될 수 있다고 주장한다. 나는 이 지점에서 다시 빌 게이츠의 '창조적 자본주의'를 떠올리게 된다. 왜냐하면 현대적 관점의 '전략적 CSR'과 빌 게이츠의 창조적 자본주의에 상당히 유사한 개념적 교집합이 넓게 존재함을 알 수 있기 때문이다. 빌 게이츠의 "창조적 자본주의란 이익을 창출하면서 동시에 시장의 힘으로부터 충분한 혜택을 받지 못하는 사람들을 시장의 힘으로 돕는 행위"라는 주장과 마이클 포터의 "전략적인 기업의 자선활동은 수혜 대상층과 수혜 제공자인 기업의 입장에도 상호보완적인 이익을 가져올 것"이라는 주장은 일맥상통할 뿐더러, 어찌 보면 같은 의견의 다른 표현에 불과하다.

기업이 구매력이 매우 낮은 저개발국가의 시장에 성공적으로 진입하면서, 동시에 가난한 사람들을 지원하려고 한다면 어떠한 접근법과 실행 계획을 가져야 하는가. 빌 게이츠는 다음의 세 가지 접근법을 우리에게 소개한다.

첫째, 기업의 생산품이나 서비스를 단순히 공짜로 제공하는 것보다 그 내용을 혁신적으로 개선하여 가난한 사람들의 삶의 질을 근본적으로 개선시켜 주는 접근법이다. 즉 고기 몇 마리를 선물하기보다는 수산시장의 시스템 변화를 통해 어부와 어촌을 구제하라는 통 큰 의미를 갖는 것이다.

이러한 전략하에 마이크로소프트는 지난 20여 년 동안 자선활동의 일환으로 테크놀로지에 접근하기 어려운 사람들에게 사용법을 전해 주는 사업을 전개해 왔다. 즉, 문맹자들이나 반문맹자들이 쉽게 배울 수 있는 소프트웨어를 개발하면서 시장의 범위를 확대하는 사업, 또 무선통신 보급 비용을 낮추는 기술 개발에 집중함으로써 더 많은 낙후 지역 사람들에게 통신 혜택을 제공하고, 기업에게는 신규 시장을 개척하는 효과를 얻게 하는 사업이었다. 또한 엑손 모빌Exxon Mobil은 여러 해 동안 아프리카의 말라리아를 퇴치하기 위해 약을 보급해 왔다. 그 결과 그들의 아프리카 사업장에서 근로자들의 보건 수준이 높아짐으로써 그들에게도 이익이 되었고, 무엇보다 현지 정부나 시민단체와 우호적인 관계를 맺는 효과도 얻을 수 있었다.

둘째, 창조적 자본주의의 또 다른 접근법은 정부의 직접적인 역할까지 포함한다. 물론 정부는 시장 외의 다양한 방식으로 사회적 후생 수준을 높이기 위해 노력한다. 그들은 다양한 연구 활동을 지원하고 보건과 위생활동을 하며 교육 서비스를 제공한다. 그러나 정부가 할 수 있는 가장 효과적인 정책은 빈곤계층과 관련된 기업 활동을 독려할 수 있는 시장 인센티브 시스템을 지속적으로 창출해 가는 것이다.

예컨대 2007년 부시 행정부가 새로운 의약품 관련 법안에 서명함으로 써 제약 회사들이 말라리아나 결핵 등과 같이 인류에게 필요하나 수요가 적다는 이유로 등한시하기 쉬운 질병 치료제를 개발할 경우, FDAFood and Drug Administration로부터 우선적인 약품 승인을 받게 된다. 즉 다른 제품보다 1년 이상 시장에 먼저 출시할 수 있는 인센티브를 제공하는 것이다. 이러한 우선권은 시장을 선점하게 함으로써 경우에 따라서는 엄청난 규모의 이익을 향유케 한다.

마지막으로 저개발국가의 기업들이 선진국 시장에 쉽게 접근할 수 있는 다양한 통로를 열어 주는 것이다. 아프리카의 커피 농장들이 고급 커피 시장에 접근할 수 있도록 그들과 파트너십을 맺는 것도 좋은 사례가 될 수 있다. 이러한 형태의 프로젝트가 진행됨으로써 아프리카 농가들로 하여금 고급 커피를 생산하게 하며 선진국 기업들에게 고급 재료를 원활하게 공급할 수 있다. 이것은 아프리카 농민들의 소득을 두 배로 높일 수 있는 상생의 선순환을 가져올 수 있다.

## | 우리에게 던져주는 시사점

창조적 자본주의나 전략적 CSR은 좌파나 우파 양측으로부터 무시되거나 비판받을 수 있다. 신자유주의자들로부터는 자유 기업의 원칙을 훼손하고, 기업의 역할과 정부 및 NGO의 역할을 혼동하고 있다는 비판을 받을 수 있다. 반면 좌파 진영으로부터는 창조적 자본주의는 기껏해야 기업의 홍보 전략이거나 심한 경우에는 모순어법Oxymoron에 지나지 않는다는 비판과 아울러 기업과 사회와의 긴밀성에 천착하지 못하는 단순한 논리로 평가절하된다.

따라서 창조적 자본주의를 우리에게 적용할 때 가장 요구되는 덕목은 바로 이러한 이분법적 논리틀에서 벗어나는 것이다. 기업과 사회와의 접점이 많아지고, 교감 수위가 높아지면서 기업의 이익이 곧 사회의 이익이며, 사회의 이익이 바로 기업의 이익이 되는 패러다임의 변화에 하루 빨리 적응해야 한다.

우리 기업들의 경우에도 최근 들어 창조적 자본주의와 같은 새로운 경영적 발상들이 눈에 띈다. 그러나 대부분의 경우 자선이나 구호적 성격에 치우치거나 그렇지 않은 경우에는 겉치레에 머물고 만다. 따라서 우리 기업들 역시 자선활동 자체에만 그치는 것이 아니라 시장을 확장하거나 상품 및 서비스에 사회가치를 체화시킴으로써 기업에게도 이익이 되고 사회에게도 이익이 되는 창조적인 균형점을 모색해 나가야 한다.

그런 면에서 우리 기업들에게 다음 작업을 추천하고 싶다. 즉 그들이 속한 산업마다의 가치사슬Value Chain을 도해하고 그러한 가치사슬 내의 다양한 프로세스와 관련된 사회적 이슈들을 일별하는 작업부터 시작할 것을 권한다. 그러한 작업을 수행하는 중에 새로운 시장이 창조되고, 새로운 제품과 서비스가 사회로부터 몰려올지도 모르기 때문이다. 창조적 자본주의가 우리 기업들에게도 지속적으로 확산되어 가길 기대해 본다.

# 금융의
# 사회책임경영



## 국내 은행들의 사회책임경영

2007년 2월 10일자 영국의 〈이코노미스트〉는 "위험한 투자자Caveat Investor"라는 제목으로 사모펀드Private Equity Fund에 대해 다음과 같은 비판적 글을 실은 바 있다.

"실적이 안 좋은 기업을 그냥 사라. 직원들을 자르고, 부채를 줄이고, 경영진에게 과도한 인센티브를 제공하라. 그렇게 4~5년을 요리한 후 이익의 향연을 벌여라. 이것이 바로 사모펀드 그룹들의 요리법Recipe이다. 그들은 메뚜기 떼와 유사하다. 그들의 철학이란 '기업을 사라, 그 옷을 벗겨라, 그리고 먹튀해라'로 요약할 수 있다."

사모펀드는 철저히 영미식 자본주의의 산물이다. 영미식의 핵심은 단순화하자면 전주錢主이익(지배주주이익)의 극대화다. 따라서 그들의 손익계산서는 이유 여하를 막론하고 수익성을 높여 바텀 라인Bottom Line의 숫자를 극대화하는 것이다. 좀 거칠게 표현하자면 잘 포장해서 소비자에겐 최대 부담을 지우고, 잘 달래서 협력업체와 종업원 등엔 최소 부담을 지우는 것이다. 이것이 바로 사모펀드식의 경영 전략이다.

한동안 국내 은행들에 대한 비판 여론이 비등했다. 국내 은행들이 과대배당을 하고 과다한 수익을 거둬들인 점에 대해서다. 그러나 그 비판의 출발점을 찾아보면 은행들이 지나치게 영미식 자본주의의 '단기 주주이익 중심의 함정'에 빠져 있음을 경고하는 것으로 보인다. 실상도 그러할까 궁금해진다.

2006년 기준 5대 은행(국민, 외환, 신한, 하나, 우리)의 단순 평균 배당 성향은 약 34%로, 글로벌 상업 은행들의 50%에 못 미치고 있다. 따라서 국내 은행의 과대배당 지적은 적정주주환원정책의 관점이라기보다는 저배당을 미덕으로 삼았던 개발 성장의 논리거나, 국내 은행들의 대주주인 외국인들에 대한 적개심에서 기인한 듯하다. 미국계 사모펀드가 대주주이자 경영자인 외환은행의 경우 64%의 최대 배당성향을 나타낸 것이 그 방증이다.

그러나 국내 은행의 수익구조를 뜯어보면 문제가 좀 복잡해진다. 금융연구원의 최근 자료에 의하면 국내 은행의 '이자이익/총이익' 비율은 87%다. 이는 OECD 국가 중 일본을 제외하곤 으뜸이다. 핀란드의 41%, 프랑스의 42%, 캐나다의 51%, 스웨덴의 52%, 영국의 54%와도 비교된다. 부연하면 국내 은행들은 해외 선진 은행들에 비해 그저 예대마진만을 취한 단순노동을 통해 돈을 벌고 있는 것으로 드러난 셈이다.

그렇다면 이자이익의 발생 원천인 대출구조는 어떠한가? 삼성경제연구소의 2006년 자료에 따르면 국내 은행의 '기업대출/원화대출' 비율은 1990년 대 초반 40%에서 2004년 말에는 11%로 하락한 반면 '가계대출/원화대출'은 거꾸로 1990년대 초반 10% 미만에서 2002년부터는 절반을 넘어섰으며 2005년 말에는 56.9%로 급상승했다. 금액으론 약 260조 원 규모다. 따라서 대출의 내용도 기업대출보다는 상대적으로 가계대출(부동산담보대출) 의존도가 지나치게 높다. 이 대출금의 상당액이 지난 수년간 부동산시장 과열의 불쏘시개 역할을 했음은 물론이다.

여하튼 이러한 구조하의 단순 예대마진을 통해 지난 몇 년간 국내 은행들은 순이익의 향연을 벌이고 있다. '순익 1조 클럽'에 가입한 상장회사 열다섯 곳 중 무려 여섯 곳이 은행이라고 하니 말이다. 이런 상황에서 장기투자자인 사회책임투자자들이 국내 은행의 주요 주주로 자리 잡았다면 가장 먼저 제기할 의문은 무엇일까? 그것은 아마도 국내 은행들의 부동산 담보대출에 기댄 수익구조가 과연 지속가능할 수 있을지의 여부로 모아질 것이다. 논쟁은 다음 두 가지로 요약될 것이다.

첫째로, 은행의 이익구조가 다양한 영업 기반의 창출과 원가절감, 신상품 개발, 블루오션적 시장 창출에 의한 것인지, 아니면 부동산 상승에 기대거나 그것을 직간접적으로 부추긴 결과에 따른 주기적Cyclical 시황에 따른 이익인지를 판별해야 한다. 전자의 이익이 지속가능한 이익이라면 후자의 이익은 지속 불가능한 이익에 머무를 가능성이 매우 높다. 따라서 지속 불가능한 이익에 대해서는 일정한 디스카운트를 하거나 리스크 프리미엄을 얻을 필요가 있다. 사회책임투자자로서의 재평가 작업이 뒤따르는 것이다. 왜냐하면 여기에는 확실한 교훈적 사례가 있기 때문이다. 1980년대 중반 미국의 부동산 관련 대출이 부실화하면서 1994년까지 2,500여 개의 은행들(저



이제는
지속가능경영이다

축대부조합 포함)이 파산한 사실과 1990년대 일본의 부동산 버블이 꺼지면서 약 10년간 130여 개의 금융기관들이 망해 나간 일들이 바로 그것이다.

둘째로, 은행의 본질적 특성에 주목해 보자. 은행은 공공성이라는 제약조건에서 상업성을 극대화하는 조직이다. 공공성이라고 말하는 까닭은 은행의 지급결제 기능, 통화 신용정책의 경로로서의 기능, 기업구조조정기능이라는 경제의 중추 인프라적 특성 때문이다. 이 점 때문에 IMF 외환위기가 발발했을 때 혈세를 쏟아 부어 은행을 살려 낸 것이기도 하다. 따라서 은행의 수익성 추구는 이 점을 결코 간과해서는 안 된다. 살려줬더니 칼 들이대는 격이 되어서는 더더욱 곤란하다.

은행은 공공적 특성에 걸맞게 다양한 이해관계자들의 이익을 함께 고려해야 한다. 그렇지 않고, 사모펀드식의 단기 주주이익에 올인하는 듯 보이면 제일 먼저 고객들이 떠날 것이고, 그 다음 지역사회가 외면할 것이다. 단순 담보대출업자들에게 사회와 국민들이 지속가능하게 관심과 애정을 보낼 이유는 없다.

### 증권회사의 원초적 사회책임이란?

증권시장의 투자 기관들에는 '셀 사이드Sell Side'와 '바이 사이드Buy Side'가 있다. 여기서 셀 사이드는 증권회사를 지칭하고 바이 사이드는 자산운용사, 연기금, 보험회사 등과 같이 펀드를 운용하는 기관투자자들을 말한다. 아마도 셀 사이드라는 말은 증권회사처럼 상장회사의 주식을 세일즈한다는 뜻에서 유래했을 것이다. 셀 사이드가 특정 주식의 매수 매도를 권유하면 바이 사이드는 나름의 판단과 전략에 따라 주식을 매입하기 때문이다. 따라서 자본시장에서 셀 사이드인 증권회사의 역할이 매우 중요하다.

이들의 역할은 슈퍼마켓에서 생활용품을 팔고, 약국에서 약을 파는 상행위와 유사하다. 다만 차이점이 있다면 일반 상점과 달리 증권회사는 유가증권이라는 증서를 파는 것이다. 따라서 일반적인 상거래와 마찬가지로 유가증권의 거래에서도 불량품을 파는 일이 있을 수 있다. 증권회사의 불량품은 주로 '우연'과 '미필적 고의'라는 두 가지 심리작용이 복잡하게 얽혀 생겨난다. 유가증권 매매의 출발점인 기업 가치 평가를 살펴보면 이런 측면을 잘 알 수 있다. 예컨대 100원짜리 가치의 주식을 200원짜리로 가격을 매긴다면 그것은 바가지가 된다. 또 첨단 경쟁력과 거리가 먼 기업을 놓고 경쟁력 있는 기업이라고 부풀린다면 과대광고가 된다. 만일 제조업체가 그런 행위로 인해 적발되었다면 불공정 영업행위로 간주되어 처벌받거나 사회적으로 지탄받을 수도 있는 일이다. 그러나 증권시장에서는 제조업과 동일한 잣대를 들이대기 어려운 이유가 있다. 즉 증권시장 예측의 불확실성 때문이다. 다양한 우연적 요소와 돌발변수가 늘 존재하기 때문이다. 따라서 원가구조가 비교적 단순한 공산품의 가격과 복잡다단한 변수에 의해 영향을 받는 유가증권의 가격을 동일선상에 놓고 판단하는 것은 무리다.

그러나 그렇다고 해서 그냥 넘어가기엔 뭔가 찜찜한 구석이 있는 것도 사실이다. 혹여 시장의 '예측 불가성'을 속죄양 삼아 상습적으로 행해지는 증권업계의 미필적 고의가 있다면 그것은 투자자들의 피 같은 재산보호를 위해서도, 증권시장의 선진화를 위해서도, 국민경제의 건강한 발전을 위해서도 짚고 넘어가야 한다.

미필적 고의성이 의심되는 두 가지 궁금증이 있다. 첫째로, 왜 우리나라 증권회사가 발표하는 기업보고서에는 '매수추천'만이 주종을 이루는지 궁금하다. 또한 상승 장場에서, 주가가 계속 올라 당초 제시했던 가격에 이르면 왜 더 높은 가격으로 상향 조정하기에 급급한지도 알고 싶다. 둘째로,

왜 우리나라 증권회사 분석가들은 중장기적 지수 고점에서는 이구동성으로 예측지수를 상향 조정하고, 저점에서는 일사불란하게 예측지수를 하향 조정하기에 급급한지도 알고 싶다. 예를 들어 보자. 2,019포인트를 기록했던 2007년 10월 29일 전후 일간신문의 증권 면을 찾아보면 거의 예외없이 핑크빛 전망을 늘어놓기에 바빴다. 또한 지난 2008년 미국의 서브프라임 모기지 사태 이후, 지수가 800포인트 이상이나 하락한 시황에서는 왜 대부분의 분석가들이 향후 1, 2년을 한결같이 비관적이기만 하다고 입을 모았는지 그 이유를 알고 싶다.

나는 이러한 일사불란한 오측誤測들이 고의로 인한 것이라고 몰아붙일 생각은 추호도 없다. 다만 그들의 획일적 동조화의 이면에 있는 분석대상 기업들과의 출자관계나 거래관계로 인한 이해상충 때문이 아니기를 바란다. 또한 시장의 예측 불가성을 핑계로 다른 분석가와의 암묵적 담합을 통해 공생하려는 생존본능이 아니기만을 바랄 뿐이다. 만일 그렇다면, 그런 그들의 행태로 겪게 될 수많은 투자자들의 엄청난 손실, 고통 등이 떠올라 도저히 관용과 용서를 생각할 여유가 내겐 없다.

기업의 원초적 사회적 책임은 사회공헌 프로그램에 참여하고 기부금을 내고 환경구호를 외치며 나무심기에 가담하는 데 있지 않다. 그보다는 그들의 본업 부문에서 법과 규범을 지키며 경제적 가치를 제대로 창출하는 데 있다. 그리고 그러한 과정을 거쳐 불량품이 아닌 우량품을 꾸준히 생산해서 국민경제에 기여하는 데 있다. 즉, 이러한 과정 속에서 기업은 우수한 재화와 용역을 창출함으로써 사회적 편익을 증진하고, 사회적 비용을 낮추며, 일자리를 제공하고, 세금을 납부함으로써 국가 재정에 기여하는 것이다. 따라서 본업에 충실하는 것 이상의 사회적 책임은 어찌 보면 기업에게 사족을 달려는 것과 다름없다.

증권회사의 원초적 사회책임도 마찬가지다. 그들의 계열사이거나 고객 기업이라 할지라도 과감하게 매도추천할 수 있는 객관적인 독립성, 장밋빛 분위기라도 소신에 따라 지수 버블을 외칠 수 있는 용기와 냉정함, 남들의 의견에 동조하지 않음으로 인한 소외감을 떨쳐 내는 강단이 바로 증권회사의 사회적 책임이자 경쟁력의 출발선이 된다.

이제 그들 스스로 출발선을 점검할 때다.

# 3

# 왜
# 장기투자인가

**기업경영은 장기 레이스** '마쓰시타'로부터 배우는 생각의 장대함 / 장기적 실용주의를 제안하며 **장기투자는 사회책임투자의 키워드** 장기적 관점에서 단기 이슈를 바라보는 것 / 투자, 하룻밤 데이트에서 평생 사랑으로 / 사회책임투자는 구명조끼의 장거리 수영법 / 결국 주범은 단기주의 / 연금펀드의 합창법

# 기업경영은
# 장기
# 레이스

'마쓰시타'로부터 배우는 생각의 장대함

마쓰시타 전기를 창업하여 세계 굴지의 기업으로 일궜고, 전 세계 사람들로부터 '경영의 신神'으로까지 추앙받고 있는 마쓰시타 고노스케松下幸之助의 자서전을 읽고 큰 감동을 받은 적이 있다.《영원한 청춘—마쓰시타 고노스케 「나의 이력서」》(거름, 2003)란 책이다. 176쪽의 짧은 그의 이야기에서 여느 경영 관련 책들이 전해 준 감동에 비할 수 없는 큰 감동을 받았다. 나는 곳곳에 줄을 긋고 간단한 느낌을 적어 가며 읽었다.

마쓰시타는 열 살 때인 1904년, 아버지의 사업 실패로 초등학교 4학년 때 학업을 중단하고 화로가게 점원이 된다. 여기서 시작해서 그는 맨손으로 마쓰시타 전기를 창업하여 세계적인 기업으로 만들기까지 다양하고도 창의적인 경영기법을 선보였다. 특히 전후 일본 경제의 재건 과정에서 기관차의 엔진과 같은 역할을 하게 된다.

나는 그가 선보였던 당시로서는 파격적인 '사업부제', '주 5일 근무제' 등의 다양한 창의적 경영기법보다 그의 열정과 인덕, 경영 철학 등에서 더 큰 감동을 받았다. 무엇보다 나는 그 책을 통해 한 기업인이 품었던 비전의 장대함에 놀랐다. 그 장대함은 그의 사명에서 잘 드러난다. 기업인의 사명은 결코 돈만 버는 것이 아니라는 점이다. 그것만으로는 너무 허전하다는 것이다. 창업 초기에 그가 했던 말을 주목해 보자.

"기업인의 사명은 무엇인가? 매일 밤늦게까지 이 문제를 생각한 나는, 한 가지 신념을 갖게 되었다. 그 신념이란 간단히 말해서 이 세상의 가난을 몰아내는 것이다. 수돗물은 원래 공짜가 아니지만 사람들이 길가에서 수돗물을 마구 마신다고 해서 비난하는 사람은 없다. 왜 그럴까? 그것은 물이 풍부하기 때문이다. 그렇다면 결국 기업인의 소임은 물자를 풍족하게 만들어 세상 사람들이 자유롭게 쓸 수 있게 하는 것이라고 할 수 있다. 이것을 깨달은 그날, 1932년 5월 5일을 나는 회사 창립 기념일로 정했다. 그리고 이 사명 달성 기간을 250년으로 정하고, 25년 단위를 1기로 잡아 10기로 나누었다."

마쓰시타도 단기이익을 중요하게 여겼지만 이것이 결코 기업경영의 최종 목적은 아니라고 생각했다. 그는 회사에게는 단기이익보다 더 중요한 사회적 책임이 있다고 생각했다. 그리고 장기적 관점에서 보면 기업의 사회적 책임 이행은 기업에게 또 다른 이익이 되어 부메랑처럼 돌아올 것으로 확신했다. 그는 이러한 신념을 갖게 된 바로 그날을 창립 기념일로 정한 것이다. 그리고 그날로부터 그것을 완수하기까지 장장 250년이란 기간을 설정하고 구체적인 실행 방안을 세웠다.

나는 이 책을 읽으면서 한 기업가의 장기적 안목에 다시 한 번 놀랐다.

그리고 무엇보다 우리나라 기업들의 단기적 경영 안목과 대비되는 점에서 많은 생각을 하게 됐다. 나는 과거 증권회사에 근무하면서 국내의 많은 기업들을 탐방해 보았지만, 우리 기업들의 경영 목표와 철학에서 이익을 넘어서는 그 무엇을 발견하기 힘들었다. 오히려 대부분의 우리나라 기업들은 오로지 단기이익 제고에 올인하고 있는 느낌을 지울 수 없었다. 또한 매출액 증대와 비용 절감 그리고 이익 극대화라는 등식의 함정에 빠져 있는 듯한 인상을 물씬 풍겼다. 따라서 기업의 이익을 제한하는 비용이나 투자 항목들은 그들에겐 공공의 적이었다. 이런 판에 사회에 대한 책임을 이야기하면 현실에 무지한 이상론자라고 단박에 공격당하기 일쑤다.

그러나 일본의 마쓰시타뿐만 아니라 세계 유수의 기업들을 보면 장기적 관점의 '지속가능한 발전'을 추구하기 위해, 또 한편으로 기업의 영속성을 담보하기 위한 우선 조건으로서 '기업의 사회적 책임'을 첫 번째 덕목으로 내세우고 실천하고 있음을 발견하게 된다. 이들 기업들은 기업의 최우선 목적은 기업을 둘러싸고 있는 다양한 이해관계자들, 즉 종업원, 고객, 채권은행, 협력업체 등의 이익을 고려하여 함께 갈 때 비로소 장기적인 주주 가치도 증대될 수 있다는 신념을 가지고 있다. 단기적으론 손해일 수도 있으나 기간을 좀 늘려 놓고 보면 회사와 사회 구성원들의 이익을 동시에 고려하는 것이 재무제표상 손익에도 우호적이라는 것이다. 다시 말하자면 이익과 사회공헌은 상호 배타적인 것 같지만 장기적 관점에서 보면 상호보완적 관계라는 것이다.

나는 이 책을 통해 일본의 한 기업인이 90 평생을 살면서 그 다음 세대까지 아우르는 생각의 장대함을 접할 수 있었다. 그러면서 어쩌면 그러한 정신과 철학이 오늘날 일본을 세계 제2의 경제 강국으로 이끈 힘의 원천이 아니었을까 하는 생각을 지울 수 없었다.

## 장기적 실용주의를 제안하며

"검은 고양이든 흰 고양이든 쥐만 잘 잡으면 된다"는 '흑묘백묘黑猫白猫론', "남쪽으로 오르든 북쪽으로 오르든 언덕만 오르면 된다"는 '남파북파南坡北坡론'은 덩샤오핑을 상징한다. 이 두 성어는 덩샤오핑식 실용주의를 함축적으로 설명하기 때문이다.

"국민은 이념이 아니라 실용주의를 선택했다." 지난 대선에서 압도적 승리를 거머쥔 이명박 대통령의 일성一聲이다. 당시 국민들이 선택한 실용주의란 대체 무엇일까. 원론적으로 말하면, 실용주의란 '쓸모 있는 것'을 추구하는 태도다. 그러나 무엇이 '쓸모 있는 것'인가 하고 재차 파고들면 선뜻 답하기가 옹색해진다. '쓸모 있음'에 대한 판단 기준이 주관적이고 가변적이기 때문이다. 어찌 보면 우리 사회의 다양한 이해관계자들의 수만큼이나 '쓸모 있음'에 대한 다양한 견해가 있을 테고, 인간들의 변덕만큼 변화무쌍할 것이다.

따라서 나는 이명박 정부가 실용주의는 곧 '돈'이라고 단정짓고 특유의 밀어붙이기로 일관하는 것 같아서 걱정된다. 또한 덩샤오핑식으로 수단과 방법을 가리지 않고 목표한 결과만 얻으면 된다는 실용주의와 동거한다면 문제는 더 꼬일 것이 분명하다고 본다.

자본주의도, 기업 부문에서도 '단기이익 극대화'가 '쓸모 있는 것'과 동일시되는 시대는 이미 종말을 고했다. 따라서 거두절미하고 "기업의 유일한 목적은 오로지 매출 신장과 이익 극대화"라는 주장은 이제 박물관에나 들어가야 할 대상이다. 그것은 1970~1980년대 개발경제를 지배하던 기제와 논리가 더 이상 유효하지 않음을 의미한다. 정확하게 말하면 우리 세대만을 위한 단기적 이익추구에서 다음 세대까지 고려한, 지속가능한 이익의 추구로 시대의 중심추가 옮겨갔음을 뜻한다.

최근 10여 년간 주주이익과 기업이익이 동일시되던 시대에서 이해관계자들과의 조화로운 이익이 곧 기업에게도, 주주에게도 공동 이익일 것이라는 가설이 설득력을 얻어가고 있다. 그것은 이제 더 이상 고루한 담론에 머물지 않는다. 따라서 정부는 '성장 일변도의 실용'에서 '지속가능한 실용'으로 인식의 지평을 확장해야 한다.

그런 의미에서 CEO 출신 대통령께 2008년 1월 19일자 영국 〈이코노미스트〉에 실린 기업의 사회적 책임 특집 기사를 한번 읽어 보실 것을 권해드리고 싶다. 그 기사에는 제너럴 일렉트릭, 도요타, 막스 앤 스펜서, 듀폰 등과 같은 세계적 기업들이 왜 얼핏 봐서 '비실용적이고 이익이 될 것 같지 않은' 기업의 사회적 책임에 몰두하고 있는지에 대한 자세한 설명이 덧붙여져 있다.

"왜 이렇게 기업의 사회적 책임이 붐을 이루고 있는가?" 하는 질문에 기자는 다음과 같은 이유를 제시한다. 첫째, 기업들이 그들의 브랜드 이미지를 관리하고 그들의 명성을 지키기 위해서다. 세계의 수많은 기업들은 엔론과 월드컴 추문이 일어난 후, 세상 사람들이 기업의 투명성, 깨끗함에 얼마나 많은 관심을 갖고 지켜보고 있는지를 이미 알고 있다. 둘째, 각종 비정부 관련 단체들의 집요한 감시와 도전에 직면해 있다는 점이다. 셋째, ESG로 대표되는 기업의 비재무적 실적을 평가하고 분석하는 다양한 기관과 회사 그리고 이니시어티브Initiative 특정한 문제 해결·목적 달성을 위한 새로운 계획가 등장했다. 넷째, 기후변화 문제의 심각성이다. 이 이슈는 기업 부문에 더욱 엄정한 공공적 책임을 묻고 있다. 다섯째, 투자 역시 크게 변모하고 있다는 점이다. 미국 콜럼비아 경영대학원의 제프리 힐Geoffrey Heal에 따르면 2008년 초 현재 미국 자산운용업계에서 운용되고 있는 투자자금 9달러 중 1달러는 사회책임투자 방식으로 운용되고 있다는 점에서 그 변화의 규모를 가늠할 수 있다. 마지막으로 이러한 외부적 압력뿐만 아니라 기업 내부, 즉 종업원들도 경영진에게 기업의 사회적 책임의 실행을 더욱 강력히 요구하고 있다.

결론적으로 〈이코노미스트〉 기자는 기업의 사회적 책임이 기업의 주요한 위험과 기회요인들을 잘 관리하게 하는 최적의 전략으로 이해하면서 그것은 결국 장기적 주주이익을 높이는 데 매우 유용한 수단이라고 못 박고 있다. 따라서 기업의 사회적 책임은 '보다 진보된 자기 이익의 추구Enlightened Self-interest'이며 '21세기식 사업방식'이라고 말한다.

기업의 사회적 책임으로 대표되는 21세기 경제가 공정한 절차를 밟아 이해관계자들의 이해를 장기적 기업경영에 최대한 반영하는 것이라면, 경제개발 논리는 이러한 과정이 무시되고 오로지 단기실적에 올인하는 것이다. 따라서 나는 정부의 실용주의가 구시대 논리에 근거하거나 이익 지상주의와 조우하는 것을 경계한다. 왜냐하면 오늘날의 한국 사회는 정당한 부의 축적에는 기꺼이 박수를 보내지만, 당장 돈 되는 것이 곧 쓸모 있는 것이라고 믿을 만큼 그렇게 단순 무식하지 않기 때문이다. 쥐를 제대로 잡기 위해선 고양이 색깔은 전혀 중요하지 않지만 주인을 잘 따를 만한 고양이를 택하는 절차와 과정은 중요하다. 남쪽이든 북쪽이든 언덕을 오르더라도 입산금지 지역은 피해야 하는 것이 법치국민의 최소한의 도리임을 아는, 그런 실용주의를 기대한다.

# 장기투자는
# 사회책임투자의
# 키워드

### 장기적 관점에서 단기 이슈를 바라보는 것

우리를 혼란케 하는 문제들의 근원을 따라가 보면 크게 두 가지 관점을 만나게 된다. 바로 단기적 관점Shot-Termism과 장기적 관점Long-Termism이다. 이를 잘 설명해 줄 수 있는 간편한 예가 담배가 아닐까. 한 모금 담배 연기로 당장 숨 막히게 하는 스트레스에서 벗어나려 할 것이냐, 일단 꾹 참고 먼 미래의 건강한 삶의 질을 도모할 것이냐의 관점이 그것이다. 물론 스트레스와 건강의 상관성을 고려할 때 담배의 긍정적 효과를 제기하는 또 다른 차원의 논쟁거리는 남지만 그래도 흡연 문제는 당장의 스트레스 해소냐, 후일의 건강이냐의 문제로 논점을 정리해 볼 수 있다.

경영도 마찬가지다. 당장 생존이 안 되면 지속가능성도 담보될 수 없기 때문에 생존을 위한 긴급한 전략과 실행을 우선적으로 선택하느냐, 아니면

5년, 10년 앞을 내다보며 먼 미래의 발전에 더욱 무게를 두느냐의 선택의 갈림길에서 경영자들은 늘 곤욕을 치르고 골머리를 앓는다.

잭 웰치Jack Welch로 대표되는 사모펀드 방식의 경영과 아이러니하게도 그가 지명한 그의 후계자인 제프리 이멜트Jeffrey Immelt의 사람을 중시하는 경영이 갖는 차이를 살펴보자.

잭 웰치는 분기·반기·연간 이익에 우호적이지 않은 모든 요소들은 자르고, 깎고, 팔아 버리는 방식을 택하고, 수익성이 높다고 판단되면 매수 합병하는 방식을 취한다. 이에 비해 이멜트는 매수 합병보다는 장기적 관점에서 회사 내부에서의 혁신과 연구 개발을 중시하고, 사람을 함부로 자르지 않고, 혹 정리해고를 하더라도 나중에 다시 받아들이는 전략을 구사한다고 한다.

이와 마찬가지로 주식투자에 참여하는 투자자들도 늘 두 가지 관점 사이에서 번민한다. 매일매일의 시황을 살피며 단타매매의 전략을 취할 것이냐, 아니면 시세와 상관없이 꾹 참고 3년, 5년 후의 수익을 도모할 것이냐로 투자자들은 몹시 갈등한다. 즉 최고의 추세 매매자였던 제시 리버모어Jesse Livermore가 될 것이냐, 가치투자의 대명사인 워렌 버핏Warren Buffet이 될 것이냐 사이에서의 혼란이다.


일반적으로 단기투자의 필요성을 역설하는 사람들은 장기적 투자 성과는 단기적 성과가 누적된 총합이라고 말한다. 어찌 보면 맞는 말일 수도 있다. 결국 기업의 경우도 1년의 성과는 각 분기 성과의 총합이고, 3년의 성과 역시 매년 성과의 합이기 때문이다. 그러나 조금 더 깊이 생각해 보면 이 말에는 논리적 약점이 있다. 바로 매 기간 단위가 독립적이어서 서로 아무런 영향을 주고받지 않는다는 전제가 성립되어 있어야 하는 것이다. 그러나 현실적으로 그 전제는 성립하기 매우 어렵다.

예컨대 특정 기업이 폐수 방류 등의 외부화Externalization를 통해 특정 분기의 이익을 높였다면 그 외부화 행위의 결과가 다음 분기나 다음 사업 연도와 무관해야 하는데 실제로는 그렇지 않다. 자칫 시민단체나 언론, 규제 당국에 의해 적발된다면 후일 외부화를 통한 이익은 고스란히 그 이상의 비용으로 회사에 부메랑처럼 돌아올 것이기 때문이다. 어찌 보면 그 이상을 토해 낼 수도, 회사에 치명적인 상처를 입혀 지속가능성에 커다란 흠집을 낼 수도 있다. 불세출의 천재적 단기 투기꾼이었던 제시 리버모어가 투기로 벌어들인 재산을 다 잃고 빈털터리가 된 채 권총 자살로 생을 마감했다는 점은 의미심장한 대목이다.

지속가능한 발전, 기업의 사회적 책임은 바로 이러한 고민의 결과물로 등장한 것이라고 생각한다. 그렇다고 해서 장기적 관점하에 단기적인 것들을 무조건 폄훼하거나 비판하는 것이 아니다. 양자 간의 지혜로운 타협과 최적의 절충점을 모색하고 추구함으로써 현재의 삶도, 미래의 삶도 함께 포섭하고 포용하는, 그런 관점을 갖도록 하자는 것이다.


## 투자, 하룻밤 데이트에서 평생 사랑으로


앞서 언급했듯이 사회책임투자를 간단히 정의 내리기는 참으로 힘들다. 다양한 접근 방법들이 있기 때문이다. 종교단체들은 그들의 신념대로, 사회운동가들은 그들의 원칙 위에서, 환경론자들은 그들의 가치 측면에서 그것을 바라보고, 분석하고, 이해하고, 실천하고 있기 때문이다. 그러나 누군가 내게 사회책임투자가 무엇이냐고 물어본다면, 나는 제일 먼저, '길게 보고 투자하는 것'이라고 답하겠다. 즉, 장기적 안목으로 장기 투자하는 것이라



왜
장기투자인가

는 말이다. 그런데, 이렇게 쉽게 들리는 말을 실천하기란 참으로 어렵다. 왜 그럴까? 나는 이 문제를 육상경기에 빗대어 생각해 보고자 한다.

육상경기의 꽃은 단연 마라톤과 100미터 달리기다. 둘 중에 어느 하나라도 없다면 육상경기는 참 싱거울 것이다. 100미터 달리기가 긴박한 재미와 역동적인 흥분을 불러일으킨다면, 마라톤은 은근한 재미와 감칠맛 나는 수읽기의 또 다른 묘미를 주기 때문이다. 양자는 달리는 방법도 확연히 다르다. 100미터 선수들은 눈앞에 보이는 결승점을 향해 숨을 멈춘 채 질풍노도와 같이 내달린다면, 마라톤 선수들은 가도 가도 보이지 않는 목표점을 향해 때로는 천천히, 때로는 성큼성큼 달려 나간다. 그렇기 때문에 마라톤 선수들은 전체 구간의 기록을 의식하며 전략을 짜고 완급을 조절해야 한다.

관전법도 많이 다르다. 100미터 경기의 관중들은 한시도 한눈을 팔면 안 된다. 자칫 한눈 팔게 되면 관전도 못하고 끝나 버린다. 그에 비해 마라톤 관전자들은 우선 느긋해야 한다. 그러면서 천천히 선수들의 전략과 얼굴 표정, 주행 자세 그리고 구간 당 그들의 기록과 코스 난이도 등 수많은 변수들을 고려하며 꾸준히 지켜봐야 한다. 흔히들 기업경영을 일컬어 마라톤이라고 한다. 왜냐하면, 그것은 한 분기나 한 회계연도로 끝나는 것이 아니라, 오랜 기간 꾸준히 지속되는 것이기 때문이다.

기업경영이 마라톤이라면, 자본시장은 기업이라는 선수를 지원, 육성하는 스폰서쯤에 비유할 수 있다. 그런데 만일 그 스폰서가 마라톤 선수들에게 단거리 선수처럼 연습하고, 시합에서 1킬로미터마다 전력 질주할 것을 요구하며, 이러한 요구를 충족하지 못하는 선수들을 지원 대상에서 제외할 거라고 으름장을 놓는다면 어떻게 될까? 아마도 마라톤 선수들은 단기실적을 의식한 나머지 몇 개 구간은 좋은 실적을 낼지 모르지만, 전체 구간을 놓고 보면 오버페이스로 중도 탈락하거나, 수준 이하의 성적을 기록할 가능성이 매우 높을 것이다. 따라서 그 스폰서도 함께 실패할 가능성이 높게 된다.

오늘날의 자본시장은 마라톤 선수들에게 단거리 선수들의 연습법과 주행 방법을 요구하는 것과 같은 커다란 오류에 빠져 있다. 즉, 자본시장의 투자자들은 기업들에게 분기 실적에 올인할 것을 요구한다. 기업경영자들은 자본의 공급자인 시장의 요구를 무시하기 힘들다. 따라서 기업경영 역시 100미터 달리기처럼 되어 버렸다. 오히려 무시하기는커녕 누이 좋고 매부 좋은 식이 되어 버렸다. 단기주가가 올라야 그들이 행사할 수 있는 스톡옵션의 규모가 두둑해지고 보수 수준도 더 높이 올라가기 때문이다. 이러한 인센티브 시스템은 기업경영자들을 단거리 선수의 근육질 몸매로 만들어 버린다. 그들은 단기주가에 우호적인 정책과 방법들을 끌어모아서, 주가를 올리기 위해 안간힘을 쓴다.

또 자본시장을 둘러싼 환경은 어떠한가? 증권회사들은 끊임없이 사고팔 거리들을 쏟아 놓는다. 인터넷의 발달은 어디서든 실시간으로 정보를 얻어 즉각 매매에 돌입할 수 있게 한다. 매스컴은 항상 호재·악재를 뿌리며 투자자들을 초조하고 성마르게 만든다. 이렇듯 자본시장의 단기화는 많은 문제점을 일으킨다. 즉, 스폰서의 눈치를 보는 기업들은 눈앞의 이익을 추구하게 된다. 따라서 그들에게 혁신과 R&D는 비용 요소로만 인식되며, 종업원에 대한 투자와 고객들로부터의 명성, 브랜드 등과 같은 무형자산 투자에는 상대적으로 소홀하게 된다. 그 대신 당장 순이익과 연결될 수 있을 법한 투자에만 몰두하는 것이다.

또한, 단기실적에 연연하는 기업들은 비용의 외부 전가에 대한 유인을 갖는다. 즉, 매출액, 영업이익률, 주당 순이익EPS 등의 목표에 지나치게 집착하면, 분식회계, 하청업체 가격 인하 압력, 폐수 방류, 대기오염 등의 유혹에 늘 노출될 수 있는 것이다. 쉽게 말해, 반칙, 변칙 등 수단과 방법을 가리지 않는 돈벌이에 나설 수 있다는 말이다. 그러나 생각해 보라. 이러한 기업들은 비용의 외부 전가를 통해 반짝 성장할 수 있을지는 모르지만, 언제 터질지 모르는 시한폭탄을 안고 가는 격이나 마찬가지다. 잘못 터지면 회사는 절체절명의 위기에 빠질 수 있다. 또한 무형자산 투자에 소홀한 회사, 종업원과 고객이 불만족한 회사가 지식 정보화 시대에서 지속가능하게 발전할 것을 기대한다면 연목구어를 외치는 것과 다름없을 것이다.

사회책임투자는 기업들로 하여금 사회에 대한 책임을 다할 것을 요구하는 투자 방식에만 머무르지 않는다. 그것은 100미터가 아닌, 42.195킬로미터의 마라톤을 하는 선수들에게 제대로 완주할 수 있게 도와주는 역할, 그 이상도 이하도 아니다. 기업들이 중요한 자산에 적절히 자본을 배분하고, 잠재적 위험을 고려하여 지속가능하게 발전해 나갈 수 있도록 협조, 지원하고 투자하며 함께 이익을 취해 나가는 것이다.

장기투자의 교본이 되어 버린 워렌 버핏은 이렇게 말했다. "단기투자를 투자라고 하는 것은 흡사 원나잇 스탠드(하룻밤의 정사)를 일컬어 로맨스라고 이야기하는 것과 같다"고 말이다. 사회책임투자는 하룻밤의 정사에 취해 있는 자본시장을 향해 투자의 본령으로 돌아가자고 외치는 목소리다. 잠시 잠깐 내 돈만 챙기고 마는 것이 아니라, 멀리 보고, 길게 보며 사회와 기업과 나의 돈이 함께 같은 길을 가자고 강조하는 탄원이다.

## 사회책임투자는 구명조끼의 장거리 수영법

증권시장이 호황일 무렵 증권업계의 옛 동료들을 만나면 이런 질문을 받곤 했다. "주식시장이 이렇게 호황인데 왜 그리 고리타분하게 들리는 사회책임투자에 빠져 있느냐?" 때로는 빈정거림도 들려 왔다. "증권회사 근무 시절 투자 수익을 위해 열심히 주가와 기업 분석에 열을 올리더니, 혹시 그때 평생 먹고 살 돈을 다 벌어 놓은 건 아니냐?"

이런 질문들을 접할 때마다 나는 다음의 비유를 들곤 한다. 만일 해변에서 마주 보이는 섬까지 헤엄쳐 건너야 할 때, 구명조끼를 입고 건너는 방법과 맨몸으로 뛰어드는 방법이 있다면 당신은 어떤 방법을 택할 것인가? 대부분의 사람들은 전자의 방법을 택한다. 안전한 방법이기 때문이다. 더군다나 섬까지의 거리가 멀면 멀수록 구명조끼를 택하는 사람들이 더 많아질 것이다. 도중에 쥐가 날 우려도, 예상치 못한 조류에 휩쓸릴 가능성도 있기 때문이다. 그렇지만 구명조끼를 입었다 해서 섬까지 다다를 수 있는 필요충분조건을 갖추었다고 할 수는 없다. 아무리 훌륭한 구명조끼를 착용했다 하더라도 수영을 못한다면 목표지점에 도달하기 어려울 것이다. 어쩌면 불가능할 수도 있다. 따라서 가장 중요한 조건은 바로 수영법을 제대로 익히는 것이다. 마구잡이식이 아니라 기본기에 충실한 영법을 익힌다면 금상첨화다. 그런 뒤에 구명조끼를 착용하면 구명조끼의 가치가 더욱 빛나지 않겠는가?

사회책임투자는 구명조끼를 입고 먼 거리를 헤엄치는 것에 비유할 수 있다. 부연하자면 기본기를 잘 닦아 구명조끼 없이도 가능하지만 장거리이기에 만일의 사태를 대비해 착용하고 가는 것에 비견될 수 있다는 말이다.

투자에서 연금이나 보험회사 등의 자금은 장기투자 자금에 속한다. 이들의 수익자들Beneficiary에게는 장기간의 납입 의무 기간이 있다. 따라서 이들 돈의 운용자들Trustee 역시 장기간의 운용 부담Liability이 있다. 이 기간은 최소 십수 년 이상이 될 것이다.

따라서 이들에겐 한두 달 혹은 일이 년 기간의 반짝 수익률이 중요한 것이 아니다. 운용 부담을 지고 있는 십수 년 이상의 기간 동안 꾸준하면서도 안정적인 수익률을 올리는 것이 관건이다. 그리고 채권 등과 같은 고정금리 투자Fixed Income Investment와 달리 주식투자는 리스크 관리가 더욱 중요한 요소가 된다. 더구나 장기투자의 경우에는 단기에 비해 상대적으로 더욱 다양한 위험이 발생할 수 있다. 즉, 중단기투자의 경우에는 기업의 영업 현황과 재무적 측면에만 초점을 맞춰도 별 무리가 없다. 그러나 장기투자로 넘어가면 다른 측면들까지 고려해야 한다. 그것을 실천하는 대표적인 사례가 바로 워렌 버핏이다. 그는 기업의 본질 가치를 분석하여 장기 보유하는 투자자다. 그의 기업 분석 내용에 빠짐없이 포함되는 것이 바로 'CEO의 자질 및 도덕성'과 '지배구조의 투명성과 건전성', '평판' 등의 비재무적 요소들이다.

오늘날 기업들은 과거와는 다른 경영 환경에 처해 있다. 그중 다양한 이해관계자들로부터의 위험요소는 매우 중요한 현안이 되었다. 지식 정보화 시대에서 창의와 혁신의 주체인 인적 자원의 관리 측면, 종업원의 만족도와 사기, 인터넷을 매개로 더욱 역동적이 된 소비자들과 시민단체에 대한 대응 능력, 더 이상 먼 산의 불이 아닌 환경 위험과 지구 온난화 문제, 적극적인 외부주주에 대한 관리 능력 등이 그것이다. 이러한 문제들을 잘못 관리하면 기업에 큰 위험요소가 되고 재무적 손실로 연결되지만, 반대로 잘 관리하면 기업에게 커다란 기회요인이 되기도 한다. 외국의 사례를 보면 나

이키, BT, 쉘, GE 등이 이러한 기업의 사회적 책임 측면에 얼마나 많이 투자하고 열심히 관리하고 있는지 보면 알 수 있다.

일반적으로 국내 투자자들은 이렇게 중요한 요소들을 체계적으로 고려하지 못하는 잘못을 범하고 있다. 하지만 전체 자산(2,099억 달러) 중 약 62%를 주식에 투자하는 미국의 캘퍼스Calpers, 주식과 대체투자 비중이 53.2%에 달하는 네덜란드의 ABP, 69%를 넘어서는 캐나다의 CPIBB와 같은 세계적인 장기 연금펀드들은 사회책임투자를 그들의 핵심적인 전략으로 활용하고 있다. 그렇게 활용하는 가장 중요한 이유는 그들에게 단기투자 수익률은 큰 의미가 없기 때문이다. 아무리 1, 2년 반짝 수익률을 기록한다 하더라도 그것이 지속가능하게 유지되지 않으면 아무런 의미가 없는 것이다. 따라서 사회책임투자는 이러한 반짝 수익률의 문제를 극복하는 하나의 대안으로 등장하고 있다.

이를 실증하는 대표적인 사례로서 SRI인덱스와 위에서 언급한 사회책임투자를 적극적으로 도입하고 있는 연금펀드들의 수익률을 들 수 있다.

| | DJSI World | MSCI World |
|---|---|---|
| 1개월 | −1.78% | −2.44% |
| 3개월 | −8.75% | −8.86% |
| 2008년 | −13.13% | −12.75% |
| 1년 | −10.59% | −10.88% |
| 3년 | 28.50% | 21.49% |
| 5년 | 75.88% | 68.45% |
| 지수 발표 이후 | 31.99% | 27.73% |

(자료: Sustainable Asset Management)

예컨대 사회책임경영의 우수 기업<sub>Best Practices</sub>들로 구성된 DJSI World의 수익률과 MSCI World를 비교해 보면 극명하게 드러난다. 2008년 2월 이전 5년간 DJSI가 75.88%의 수익률을 기록한 반면, MSCI는 68.45%를 기록했기 때문이다.

연금펀드의 수익률을 보면 앞서 언급했듯이 사회책임투자를 적극적으로 실행하고 있는 펀드인 ABP, CPPIB, 캘퍼스의 과거 3년간 수익률이 각각 8.9%, 12.3%, 12.3%인 반면 한국을 대표하는 공적연금인 국민연금은 8%에 머물고 있다. 이것을 봐도 사회책임투자의 수익률이 다른 투자 방식을 앞서고 있음을 알 수 있다.

이제 모두의 질문에 답하고자 한다. "현재 내가 하는 일도 사회책임 분석을 통해 투자 수익을 극대화하려는 것, 그 이상도 이하도 아니다. 지금도 열심히 기업을 분석하고 있고 아직도 나는 목적한 바를 이루기 위해 돈 벌고 싶은 욕심은 여전하다"고. 다만 변한 것이 있다면 투자의 기간을 단기에서 내 평생으로 길게 바꾼 것뿐이라고.

## 결국 주범은 단기주의

2008년 10월 18일 영국의 〈이코노미스트〉는 의미심장한 표제를 달았다. "기로에 선 자본주의<sub>Capitalism At Bay</sub>"가 바로 그것이다. 기자는 말한다. "160여 년 전 〈이코노미스트〉가 스코틀랜드의 기업인 제임스 윌슨<sub>James Wilson</sub>에 의해 창간된 이래, 이제까지 그들은 모든 장벽과 보호주의에 대항하며 언제나 경제적 자유의 편에 서 있었다"고. 그러나 그들이 금과옥조처럼 떠받들던 자유시장경제가 풍전등화의 위기에 처했다. 그리고 그것을 작동시키는 자본주의 역시 절체절명의 위기에 빠져 있다.

나는 이 기사를 읽으면서 무엇이 〈이코노미스트〉의 지난 160여 년 동안의 일관된 신념 체계를 뒤흔들어 놓은 걸까 궁금했다. 1980년대 말 일본을 휘청거리게 했던 부동산 버블, 1990년대 말 전 세계를 광란에 떨게 했던 닷컴 버블에도 꿈쩍 않고 자유시장경제의 후견인을 자처해 온 〈이코노미스트〉가 이번에는 왜 회의론자로 돌변했을까. 그만큼 이번 경제위기의 파장은 심각한 걸까.

그에 대한 진단은 참으로 각양각색이다. 여러 경제학자들은 자신의 견해를 한마디씩 밝히고 있다. 그러나 자세히 들여다 보면 대부분의 진단은 서브프라임 모기지 사태로 집약되고 귀결된다. 즉 금리 상승과 부동산 버블이 꺼지는 과정에서 소득이 취약한 계층부터 그 영향을 받기 시작했고, 그들이 집을 포기해 버리는 사태가 발생하자 부동산 가격 하락의 악순환 고리로 이어진 것이다. 이는 곧 그러한 대출을 기초 자산으로 하여 만들어진 자산유동화증권ABS, 그리고 그것을 더욱 복잡하게 엮어 낸 파생상품들에 투자했던 금융기관들의 막대한 손실로 이어졌다.

그런데 과연 그런 진단만으로 충분할까. 자본주의는 매번 버블 붕괴와 그로 인한 대하락을 겪을 때마다 누군가를 손가락질하기에 바빴다. 일종의 마녀사냥을 하고 또 속죄양을 잡아 제사를 올리듯이 말이다. IT 버블이 왔을 때는 바로 증권회사가 그중 하나로 지목됐다. 그들에게는 인터넷 주식을 지나치게 찬양한 죄과가 부과되었다.

이번 금융공황의 속죄양은 누구일까. 아마도 투자은행의 경영진과 이를 조장한 미국 정책 당국이 가장 먼저 지목되는 듯싶다. 2004년 미국 증권거래위원회SEC는 투자은행지주회사에 대해 통합감독프로그램CSE, Consolidated Supervised Entities을 마련하여 총부채가 순자본의 15배 이내여야 한다는 레버리지 규제를 철폐했다. 이를 계기로 투자은행의 경영진들은 수익 추구에 눈이 멀어 엄청난 레버리지를 일으키며 과다한 위험을 부담했다. 일례로 메릴린치의 경우 2003년 1,617%였던 부채비율이 CSE자격을 취득한 후 2007년에는 3,094%로 늘어났다.(유종일, "미국 금융위기의 원인과 시사점", 기업지배구조연구, 2008)

한편 영국 케임브리지 대학의 장하준 교수는 금융위기의 주범으로 신자유주의적 주주자본주의에 기댄 금융자본을 아예 통째로 공격한다. 그의 이야기는 이러하다. 지난 4반세기 동안 신자유주의자들은 금융자본주의를 건설했다. 그 대표적 인물이 바로 GE의 잭 웰치다. 그는 금융업에도 진출해서 머니게임에 전념했다. 제조업에 기반을 둔 장기 경영성과를 추구하는 것이 아니라, 기업 인수합병M&A 등에 의존하여 이미 시장에서 당장 돈이 되는 사업만을 골라 잡아먹었다. 기업 내부적으로도 돈이 안 되면 종업원을 해고하고, 비용 절감이 안 되면 무조건 아웃소싱으로 넘겼다. 이러한 경영방식은 장기적 관점의 연구개발투자에 대한 유인을 약화시켰고, 따라서 신기술·신제품 개발에도 인색하게 만들었다.

장하준 교수는 이러한 단기주주자본주의에 대해 강력한 경고성 멘트를 날린다. 기업은, 특히 한국의 대기업들은 결코 주주들만의 소유물이 아닌 공기업적 성격을 띠고 있다고 말이다. 따라서 어느 날 갑자기 주식 지분율의 우위를 점한 주주가 해당 기업을 자신들의 전유물로 여기는 것은 한국적 특수성과 기업을 둘러싼 역사적 맥락을 전혀 이해 못하는 미성숙함의 전형이라고 공격한다. 그는 또한 이른바 신자유주의적 금융시장의 글로벌 스탠더드란 선진국들이 그들 스스로 편의적으로 만든 규준에 불과하며, 그 자체가 '사다리 걷어차기'의 전형이라고 일갈한다.

이제 앞서의 물음에 답해 보자. 과연 자본주의를 심각한 위기상황으로 몰아넣은 원인은 무엇인가. 물론 앞서 언급한 '서브프라임 모기지', '신자유주의적 금융자본' 등이 다양한 이유들 중 하나로 지적될 수 있다. 그러나 과연 그것들이 문제의 근본 원인이 될 수 있을까. 결론적으로 나는 그것이 문제의 근본 원인이라고 생각하지 않는다. 다시 말해 그 근인根因은 어떠한 투자 상품들이나 제도들에 있는 것이 아니라 그러한 것들을 양산하고 기능하게 했던 바로 단기주의Shortermism, 혹은 단기 업적주의라는 우리들의 생각 체계에 내재하고 있다고 생각한다. 특히 자본시장의 핵심적 주체들인 투자자들의 의식 속에 단기주의가 팽배함으로써 '돈 놓고 돈 먹기'식의 탐욕적 게임법칙이 과도하게 작동한 결과라고 나는 믿는다. 단기적으로 뺑튀기할 생각을 하다 보니 과도한 레버리지에 집착한 것이고, 당장 돈을 만들려다 보니 단기이익과 무관한 지출들은 비용으로만 인식하게 된 것이다.

우리는 경제와 투자에도 "뿌린 대로 거둔다"는 속담이 통용됨을 알아야 한다. 이른바 '농장의 법칙'이 바로 그것이다. 기름진 토지를 일구려는 농부는 그에 상응하는 영양분을 땅에 제공해야 하며, 손쉽게 딸 수 있는 높이에 달린 과일만 수확하려 해서는 안 된다는 사실쯤은 기본 상식이다. 적어도 이성적인 농부라면 그것이 장기적으로는 과수원을 망쳐 버리고 만다는 사실쯤은 알고도 남는다. 그러나 금융시장과 기업경영의 주체들은 단기적 시각에 몰두한 나머지 그들의 행동이 투자 대상인 기업들이나 자본시장의 토양에 어떠한 영향을 미칠지를 간과하는 경향이 있다. 자본시장이나 기업들로부터 생계를 꾸려 가는 이들이 그 토양을 갈고 닦는 데 주저하는 이유는 무엇일까?

첫째, 경작과 가지치기는 시간·노력·자본의 투자를 요구하며, 이는 단기간 상당한 비용이 든다는 사실이다. 땅에 재투자하는 일은 많은 이들에게 시간 낭비요, 실행해도 표 나지 않는 일로 비친다. 이들에게는 경작지를 일구기 위해 묵묵히 다양한 장애물을 제거하는 부지런한 농부의 모습이 단순히 '돌멩이 줍는' 행위로 보일 수 있다. 하지만 지혜로운 농부는 오늘 그의 부지런한 노동과 땀이 내일의 번영을 가져다 줄 것임을 확신하고 있다.

둘째, 투자자들은 기업을 그들만의 소유물로 생각한다. 따라서 기업과 자본시장을 오로지 주주들인 그들의 이익을 위해 기능하고 헌신해야 하는 대상으로 간주한다. 따라서 그들 외의 이익을 배려하는 것은 기업과 시장의 본분에서 벗어나는 것으로 혼동한다. 그러나 이번 금융위기에서 경험했듯이 투자자들이 사회 구성원 모두의 이익을 배려하지 않은 결과, 그들부터 가장 먼저 매를 맞았다는 사실을 알아야 한다. 그들의 단기이익 추구는 짧게는 돈을 벌어 주었으나 길게 보면 그들도, 모든 사회 구성원들도, 그들의 회사도 끝장나게 했다는 사실을 피하지 말고 직시해야 할 것이다.

## 연금펀드의 합창법

합창의 매력은 실로 크다. 관현악도 그렇지만 적어도 내겐 사람들의 다양한 목소리가 어우러져 오묘한 블렌딩Blending을 연출하는 합창만큼 소중한 음악장르는 없다. 관현악이 귀를 맑게 한다면 합창은 영혼을 맑게 하기에. 나는 초등학교 때부터 시작해 현재에 이르기까지 줄곧 합창단 활동을 해 왔다. 햇수로 40년 가까이 된다. 이런 내게 사람들은 합창 음악의 도사가 됐을 거라고 말한다. 그렇지만 그건 큰 오해다. 오히려 하면 할수록 어렵고, 부르면 부를수록 한계를 절감케 하는 것이 바로 합창이기 때문이다.

그렇지만 단 한 가지, 합창 잘하는 법은 분명히 알고 있다. 선문답 같지만 비법은 단순한 데 있다. 전체 단원들이 각자의 목소리로 조화를 꾀하는 것이다. 자신의 목소리가 돌출되어 전체를 지배하거나 자기 파트를 주도하고 있지는 않은지 늘 살펴야 된다는 말이다. 이렇게 전체가 조화를 이루면 배음倍音의 법칙(사람의 목소리는 완전화음을 가능케 하는 순정률이다. 반면, 피아노나 관악기는 옥타브를 인위적으로 반음씩 12등분한 평균율이기 때문에 완전화음이 불가능하다)을 통해 합창단원들은 블렌딩의 극치에 도달하게 된다. 피아노 반주가 생략된 아카펠라 합창은 바로 이러한 이유로 생겨났다.

따라서 탁월한 성악가 없이 이러한 블렌딩의 법칙을 이해하는 아마추어들만이 모여도 최고 수준의 합창을 구현할 수 있다. 배음의 법칙이 가세함으로 소리의 시너지 효과가 발생하기 때문이다. 오히려 탁월한 성악가가 가세하면 소리로 전체를 제압하기 때문에 방해가 되는 경우가 부지기수다.


투자에도 합창과 유사한 개념이 등장하고 있다. '보편적 소유주Universal Owner'가 그것이다. 이것은 2000년 미국 세인트메리 대학Saint Mary's College의 홀리James Hawley와 윌리엄스Andrew Williams 교수가 《수탁자 자본주의의 등장The Rise of Fiduciary Capitalism》이라는 책에서 제시한 개념이다.

기업의 소유권은 크게 3단계를 거치면서 발전해 오고 있다. 첫 번째 단계가 창업자나 그 2, 3세들이 소유하는 형태다. 두 번째 단계로는 자본시장의 발달을 통해 주주들이 분산되면서 소유와 경영이 분리된 구조다. 이 국면에서는 전문 경영인들이 주로 기업을 컨트롤한다. 세 번째 단계는 주식 소유권이 연금이나 뮤추얼펀드와 같은 수탁 기관들의 손에 집중되는 단계다. 미국이나 영국의 경우 연금펀드의 주식 보유 비중은 자국 시장의 약 40%에 달한다. 이들 거대 펀드들은 다양한 포트폴리오를 보유한다. 또한 대부분의 연금펀드들은 벤치마크 인덱스를 추종하는 식의 종목 구성을 하고 있다. 따라서 이들의 포트폴리오에는 전 업종의 다양한 종목들이 편입

되어 있다. 이것은 거대 펀드의 수익률이 몇몇 종목들에만 의존하는 것이 아니라 전 종목의 조화로운 수익률에 좌우된다는 사실을 뜻한다.

전 종목의 조화로운 수익률이란 바로 경제 전체의 지원이 없으면 불가능하다. 따라서 '보편적 소유주'들은 개별 종목 하나하나의 실적도 평가하지만 그것들이 경제 전반에 미치는 영향도 평가해야 한다. 혹여 특정 보유 기업들이 부정적 외부화를 통해 이익을 취한다면 그것은 전체로 보면 소탐대실이 될 수도 있기 때문이다. 즉 개별종목의 외부화가 국민경제에 악영향을 끼칠 것이고 그것은 곧 다른 보유 종목들에게 도미노적 악영향을 끼칠 수도 있다. 결과적으로 펀드 전체의 수익률에도 부정적인 영향을 가져다준다는 점을 늘 염두에 두어야 한다.

영국의 대학연금펀드USS나 미국의 뉴욕 시 은퇴연금NYCERS은 이러한 긴 안목으로 '보편적 소유주'의 철학을 실천하는 대표적인 연금펀드들이다. 예컨대 유틸리티·정유·자동차·항공 산업처럼 이산화탄소를 많이 배출함으로써(부정적 외부화) 기후변화의 원인을 제공하는 산업들을 보유하고 있다면, 그들은 해당 기업의 밸류에이션에서 이러한 측면을 반영한다. 한발 더 나아가 이들 산업이 일으키는 기후변화로 해수면 상승, 홍수, 가뭄, 기근, 허리케인, 쓰나미 같은 물리적 재난이 발생하면 그것은 곧 생산시설과 생산력의 감소로 이어져 국가 및 세계경제에 악영향을 미친다. 따라서 시장의 체계적 위험을 높일 수도 있다. 그들은 이러한 부분까지 분석하여 필요하면 경영 관여Engagement도 행한다.


'보편적 소유주'의 투자법은 앞서 말한 합창 잘하는 법과도 일맥상통한다. 한두 명의 스타플레이어보다는 코치의 손놀림을 잘 이해하는 다수의 팀원들이 전체의 운동력을 배가하는 스포츠의 원리와도 맞닿아 있다. 우리나라의 연금펀드가 이런 원리를 이해하기까지 얼마나 많은 비용을 지불해야 할까? 모든 펀드 운용자들로 하여금 세계적 합창단들이 즐비한 유럽 여러 나라의 합창 콘서트를 매회 감상케 하여 블렌딩의 법칙을 깨닫게 할 수만 있다면, 항공료와 체류비, 티켓 값을 지불할지언정 그것이 우리 미래 세대의 부담을 덜어 주는 가장 경제적인 방법이 아닐까도 싶다.

4

# 새로운
# 투자분석틀이
# 등장하다

# 보이지 않는 가치를 찾아서

## ESG 정보공개는 분석의 출발점

2009년 7월 7일 대통령 직속 녹색성장위원회에서 기업의 ESG 정보공개 제도화와 관련한 정책을 발표했다. 늦은 감은 있지만 쌍수를 들고 환영할 일이다. 왜냐하면 이러한 제도들이 활성화되고 촉진될 때 보이지 않는 ESG 가치 분석의 토대가 마련되고 그 확산에 날개를 다는 격이 되기 때문이다.

그 내용을 살펴보면 이렇다. 우선 기업의 ESG 정보공개 제도화를 추진하는 것이다. 즉 증권거래소의 관련 규정을 개정하여 ESG 정보공개 요건 반영을 검토하는 것이다. 기업이 증권거래소에 유가증권 상장 심사를 받거나 상장을 유지하려고 할 경우 ESG 정보를 공시토록 유도한다는 내용이다. 또한 정부나 지자체 등에서 이미 보유하고 있는 기업 관련 환경정보를 우선적으로 공개토록 추진한다는 내용도 담고 있다. 다시 말하자면 환경부, 지방 환경청, 지자체 등에서 갖고 있는 기업의 환경규제 위반 정보, 각종 인허가 사항, 인증 관련 사항 등에 대한 민간 부문의 정보 접근 및 이용을 활성화한다는 점이다. 아울러 기업의 단계적인 녹색경영 정보공개 활성화를 촉진키 위해 자발적인 녹색정보 공개에 대한 시상 제도를 마련하여 유인책을 제공하는 방안도 검토되고 있다.

이러한 ESG 정보공개는 몇 가지 점에서 당위성을 갖는다.

첫째로, 신뢰할 만한 ESG 정보는 사회책임투자 확대의 전제 조건이 된다. 지난 3년 전부터 국내에서도 국민연금과 몇몇 공모펀드들을 중심으로 사회책임투자가 뿌리내리고 있지만, 여전히 그 확산을 제약하는 요소들이 즐비하다. 그중에 가장 첫 번째 이유로 신뢰할 만한 기업의 ESG 정보 부족을 들 수 있다. 즉 정확한 정보 없이는 정확한 분석이 불가능하기 때문이다. 따라서 특정 기업에 대한 정보 입수가 원천적으로 불가능하다면 그 회사에 대한 사회책임투자자들의 투자 역시 원천적으로 제약될 수밖에 없다.

둘째로, 기업의 입장에서 ESG 정보공개는 스스로를 규율하는 방편 및 내부 통제 수단이 될 수 있다. 즉 자기 회사의 정보가 외부에 공개된다고 생각해 보라. 그것은 곧 자기를 스스로 검열하고 규율하는 효과가 있는 것이다. 따라서 기업의 ESG 정보공개는 국내 기업들의 ESG 수준을 자연스럽게 제고하는 데 긍정적인 기여를 할 수 있을 것이다.

마지막으로, 투자자 입장에서 보면 일반적으로 기업의 ESG 성과를 그들의 투자분석에 반영하는 것이 곧 '수탁자 책무'를 다하는 것으로 인식되고 있다는 점이다. 이러한 점은 국제적으로 이미 합의를 이뤄 가고 있다. 따라서 기업의 입장에서도 주주인 기관투자자들의 거센 요구에 부응해야 할 필요성이 더욱 커지고 있는 것이다.

이미 국제적으로도 ESG 정보공개와 관련하여 투자자들이 활발히 움직이고 있다. 유엔이 앞장서서 주창한 유엔 책임투자 원칙<sub>UN PRI</sub>이 대표적인 예다. 2006년 출범한 유엔 책임투자 원칙에는 전 세계 약 800개 자산보유자, 투자자, 서비스 회사 등이 참여하고 있으며, 이들이 운용하는 자산을 합치면 약 22조 달러에 육박한다. 현재도 서명기관들의 수와 운용자산 규모가 계속 늘고 있다. 이들은 여섯 가지 원칙들을 제시하는데, 그중에 제3원칙에는 "투자한 기업들에게 ESG 정보 공시를 요구할 것"이라는 내용을 담고 있다. 국내에는 국민연금, 서스틴베스트를 위시한 14개의 기관들이 이 원칙에 서명 참여하고 있다.

다음으로 탄소정보공개프로젝트 Carbon Disclosure Project를 들 수 있다. 이 프로젝트는 영국에 위치한 비영리기구에 의해 주도되고 있으며, 이들은 이 프로젝트에 서명한 475개 기관투자자들을 대신해서 전 세계 4,500개 기업들에게 기후변화와 관련한 정보를 공개할 것을 요청하고 있다. 이렇게 입수된 기업의 기후변화 관련 정보들은 웹사이트 데이터베이스를 통해 공개됨으로써 전 세계 투자자들의 투자분석 자료로 활용되고 있다.

그 밖에도 골드만삭스나 소이에테 제네랄 등과 같은 셀사이드 Sell-Side 투자자들도 기업의 ESG 관련 정보를 입수하여 분석 자료를 발간하고 있다. 그중에서도 골드만삭스는 가장 적극적이다. 그들은 GS SUSTAIN이라는 ESG 분석 사이트를 별도로 만들어 섹터별로 ESG 성과가 우수한 리더 기업들을 발표하고 있다.


그렇지만 기업들에게 ESG 정보공개 작업은 그리 간단한 일이 아니다. 몇 가지 인프라가 구비되어야 한다.

우선, 발표 주체인 기업 내부에 지속가능경영 관리체계가 구축되어야 한



새로운 투자분석들이
등장하다

다. 이를 위해서는 전담 팀이나 전담 인력(혹은 담당 인력)이 배치되어야 할 뿐만 아니라, 전사적으로 지속가능경영에 대한 인식 공유 및 관련된 전략과 실행계획 수립 및 추진 그리고 사후관리 등의 체계 구축이 필요하다. 이러한 인프라 구축에는 당연히 추가 비용이 따른다. 대기업의 경우에는 비교적 큰 문제가 안 될지 모르지만 중소기업에게는 그리 간단한 문제가 아니다.

둘째로, 매우 광범위하고 다의적인 ESG 정보공개에 대한 프레임워크가 마련되어야 한다. 어떤 주제와 내용들이 ESG 정보에 해당되는지에 대한 한정 및 정의가 필요하고, 공시 방법과 형식에 대한 공시 빈도, 공시 매체 등에 대한 표준화 등이 필요하다. 또한 산업별 특수성을 고려하고 기업 규모별 차별성을 어떻게 반영하여 공시할 것이냐에 대한 논의와 합의도 필요하다. 물론 국제적으로 널리 통용되는 GRI 가이드라인이 있지만 그것을 원형 그대로 국내 기업에 적용할 것인지 아니면 국내 실정에 맞게 지역화 Localization할 것인지도 고려해야 할 내용이다.


그렇다면 현재 국내의 ESG 정보공개 현황은 어떠한가. 현재 자본시장과 관련한 정보 공시는 크게 발행시장 및 유통시장 공시로 나뉠 수 있으나 현재 각 시장 공시의 경우 ESG 정보 공시를 요구하지 않는다. ESG 정보를 공시하는 기업들의 경우는 자발적으로 임의적인 체계에 따라 공시하는 실정인데 주로 GRI 가이드라인에 따른 보고서를 통해 공개하고 있다. 이러한 지속가능보고서의 발행 기업 수는 지난 2006년부터 본격화되기 시작해서 2010년 현재 약 50개 기업들에 이르며, 점차 발행 기업이 늘고 있는 추세다.

그러나 SRI와 관련지어 볼 때 국내 ESG 정보공개에는 크게 두 가지 문제점이 있다. 첫째로, 발행 기업 수가 늘어난다고는 하지만, 아직도 그 수가 턱없이 부족한 실정이다. 따라서 지속가능보고서 미발행 기업들의 경우에는 SRI 스크리닝 업체들이 각기 회사 웹사이트나 영업보고서, 뉴스, 정부 및 유관기관 홈페이지 검색, 회사에 대한 설문조사 등의 자체적인 노력을 통해 정보 수집을 하고 있는 실정이다. 특히 공개된 정보가 부족한 경우 설문지에 의해 판단하고 있는데, 정성적定性的인 질문의 경우 회사 내 설문응답자의 자의적 판단에 의해 응답됨으로써 객관성을 담보하기 곤란한 문제점이 있다. 따라서 정보의 신뢰 수준에 문제가 있다. 즉, 특정한 검증 기준에 의해 검증되지 않은 정보공개가 내포할 수밖에 없는 신뢰성의 문제다. 둘째로, ESG 정보를 특정 분석기관이나 투자자에게만 제공했을 때 발생할지 모를 주가 왜곡 현상 문제다. 즉, ESG 성과와 기업 재무성과의 상관관계가 실증되는 점을 고려하면, 특정 운용사나 스크리닝업체에게만 ESG 정보를 공개하는 것은 정보의 비대칭적 흐름을 야기함으로써 결국 시장실패의 한 요인이 될 소지가 있다.

ESG 정보공개는 시대적 요청이라고 생각한다. 그러나 기업에게는 양날의 칼이 될 수도 있음을 아울러 고려해야 한다. 특히 중소기업의 경우, 지속가능경영의 장기적 효과를 위해 단기적으로 코스트를 부담할 수 없는 현실을 아울러 고려해야 한다.

따라서 선진 여러 나라들처럼 공시 의무화를 추진할 경우에도 단계적인 확장 적용이 바람직하다. 우선 일반적인 범용 보고 프레임워크를 마련해야 한다. 그리고 산업별, 기업 규모별 차별성 등을 고려한 보고 기준이나 지표 등을 마련해야 할 것이다. 또한 증권거래소 법령 및 규정 등에서 정하고 있는 기업의 공시 범위에 ESG를 포함하는 것은 유통시장 공시에서 점차 발행시장 공시로 확대하는 것이 바람직하다고 본다. 또한 지속가능보고서 발



새로운 투자분석들이
등장하다

행 기업에 대해서는 지식경제부에서의 사업 인허가를 위한 평가 기준 등에 가점하거나 별도로 보고서에 대해 시상함으로써 정보공개를 유도하는 정책 마련도 필요하다고 본다.

## 투자의 '지덕체智德體'

아침 출근길에 라디오를 켜니 한 엄마의 울음 섞인 목소리가 귀에 꽂힌다. "초등학교 6학년 딸아이를 밤늦도록 이 학원 저 학원으로 옮겨 다니게 하니 엄마로서 정말 미안……." 그리고는 말을 채 맺지 못했다. 아침 내내 그 목소리가 귀에 맴돈다. 문득 교육 문제를 생각하게 되었다. 사교육을 통한 선행학습으로 특목고에 입학시키고 그것이 곧 일류대 합격 보장이라는 등식이 깨지지 않는 한, 우리 아이들은 계속 밤거리를 헤맬 것이고 엄마들은 사교육과 자녀들의 안락한 삶 사이에서 모성애적 연민에 갈등할 것이다.

왜 이런 일이 벌어지는가. 그 연계 고리의 뿌리를 살펴보면 결국 '우리 사회의 일류병'과 만나게 된다. 사회 각처에서 일류대 출신 프리미엄이 서슬 퍼렇게 존재하는 한 엄마들의 일류대학 열병을 치료하기란 어려울 것이다. 어느 나라건 일류대학들은 존재한다. 영국에는 옥스퍼드와 케임브리지를 뜻하는 옥스브리지Oxbridge, 미국에는 아이비리그Ivy League가 있다. 그러나 우리와의 가장 큰 차이점은 선발 기준이다.

영국의 경우는 우리의 수능과 같은 GCSE와 본고사 성격의 A-Level이 있지만 그 두 가지 시험성적이 우수하다 해서 옥스브리지에 입학할 수 있는 것은 아니다. 장차 국가의 리더가 될 인재를 선발하기 위해 친화력과 리더십, 윤리와 봉사의식, 희생정신, 예술이나 체육 활동, 인터뷰 능력 등 다양한 기준들을 활용한다. 지적 능력은 여러 가지 평가 기준의 하나일 뿐이다. 즉, 영국이나 미국의 명문대학들은 이른바 '지덕체智德體'의 관점에서 인재를 선발한다. '지덕체'를 균형 있게 갖춘 인재가 장기적으로 진정한 지도자로 성장할 수 있다는 교육 신념 때문에서다.

그렇다면 우리 대학들이 서클 활동의 적극성, 급우들과의 사회봉사 활동, 가족과 함께하는 문학작품집의 발간이나 각종 예술 퍼포먼스, 시민단체나 기업체에서의 인턴십, 창의력을 요하는 각종 창작 실적 등을 중요한 선발 기준으로 삼는다면 우리 교육이 어떻게 변할까 궁금해진다. 또 다른 형태의 사교육이 생겨날 우려가 있긴 하지만 국영수 위주의 사교육 열병을 잠재우고 공교육과 가정교육을 되살릴 수도 있는 새로운 발판이 될 가능성이 높다고 본다. 그리고 무엇보다도 머리만 비대한 기형적 아이들이 아니라 머리와 가슴과 몸이 균형 잡힌 아이들을 기대할 수 있을 것이다.

그러나 여기서 중요한 문제가 대두된다. 바로 '덕체'를 어떻게 공정하고 객관적으로 평가할 수 있느냐의 문제다. '덕체'의 다양한 측면 중 어떤 점을 어떻게 평가하여 주관성의 한계를 극복할 수 있을까. 생각이 여기까지 미치자 나는 우리의 교육 문제와 투자 현실을 함께 생각하게 되었다. 투자업계도 대학과 비슷하게 기업을 육성하는 기관이다. 그 육성 대상을 선정하는 기준도 '지덕체'와 마찬가지로 다양하다.

재무적 측면이 어찌 보면 가장 손쉬운 평가 기준이 되겠지만 그것만으로 균형 있게 성장 잠재력이 높고 위험도가 낮은 기업들을 선정할 수는 없다. 그래서 등장한 것이 바로 'ESG'다. 따라서 재무성과가 '지적 능력'이라면 'ESG'는 '덕체'쯤으로 볼 수 있다. 'ESG'를 고려하는 사회책임투자가 활성화되면 우리나라 기업들의 체질과 건강 수준이 개선된다. 과로노동이 사라지면 산업재해가 줄고 생산성이 증대된다. 노와 사가 상생의 토대 위에서 협력을 모색하면 조업 중단으로 인한 생산 차질이 일어나지 않는다. 따라서 불필요한 손실이 발생하지 않을 것이다. 기업의 투명성이 증대되면 투자자들은 당연히 그 기업이 발표한 자료를 신뢰하며 관심을 갖는다. 환경 위험이 잘 관리되면 불요불급한 법적 제재나 처벌을 받을 위험에서 멀어진다. 종업원들이 함께하는 사회봉사활동이 자주 열리고, 기업이 후원하는 각양의 문화 활동이 활성화되면 종업원들의 사기도 올라가고 당연히 기업의 분위기가 밝아지게 된다. 이른바 '지덕체'의 기업들이 우리 사회에서 커 나가는 것이다.

마침 정부에서는 대학입시 개선과 관련하여 '대학교육협의회(대교협)'에 힘을 실어 준다고 한다. 앞으로 대교협 책임자들에게 우리 아이들의 밤 문화를 길거리에서 가족의 품으로 돌려보내는, 선발 기준의 묘안을 찾아달라고 호소하고 싶은 심정이다. 그리고 투자업계에게도 마찬가지로 호소하고 싶다. 사회책임투자를 활성화하여 우리 기업들의 어두운 면들을 불식시키고 환하게 도약할 수 있도록 힘을 실어 달라고 말이다.

## 안방에서 벌어진 그들의 잔치

2008년 6월 17, 18일 이틀 동안 국내에서는 '지속가능성'과 관련된 큰 잔치가 벌어졌다. 유엔 책임투자 원칙, 유엔 글로벌 콤팩트Global Compact, 유엔 환경 계획 금융이니셔티브UNEP FI의 합동 국제회의가 열린 것이다. 나는 당시 이틀 동안 유엔 책임투자 원칙 국제회의에 참석했다. JP 모건, 홍콩상하이은행HSBC, 피델리티, 바클레이즈, 캘퍼스, 헤르메스 등 익히 알려진 세계적 연금펀드들과 자산운용사들 역시 대거 참석했다.

그 회의는 주로 의제별로 세션을 나눠 진행했다. ESG 분석과 기존 재무분석을 어떻게 통합할 것인가? 이를 위해 전 세계적인 리서치 기관들이 어떻게 협조할 것인가? ESG 분석과 관련된 모범적 사례는 어떠한가? 경영 관여전략Engagement이란 무엇인가? 그리고 기후변화 문제를 풀기 위한 투자자들의 대응 방안은 무엇인가? 이런 물음이 주된 의제들이었다. 이를 놓고 열띤 토론이 전개되었다. 무엇보다 각 테이블에서 토의된 내용들을 공유하는 방식은 매우 실제적이어서 흡사 영국 경영대학원의 수업과도 같았다. 세계 각국의 대형투자 기관에서 참석한 다양한 전문가들이 각자 오랫동안 고민한 부분들을 함께 나누니 참으로 유익하고 알찼다.

그러나 아쉬운 점이 있었다. 바로 눈을 씻고 찾아 봐도 그 회의장에서 국내 기관투자자들을 만날 수 없었기 때문이다. 물론 주식시장의 치열함을 떠올릴 때 이해가 안 가는 바는 아니다. 더군다나 초단기 승부를 벌여야 하는 한국적 상황에서, 총칼만 없을 뿐이지 돈을 잃느냐 따느냐의 기로에서, 투자자로서 목숨 걸고 전쟁을 치르는 그들에게 ESG 이슈들은 한가하고 고루한 담론쯤으로 치부되었을지 모른다.

이런 생각들을 할 즈음 나 역시도 질풍노도 속을 뚫고 목숨을 건 항해를 해야 했던 주식시장의 모습이 자꾸만 떠올랐다. 그 항해는 흡사 전쟁터와 같았다. 그 후로 20여 년이 훌쩍 지났다. 오랜 시간들을 뒤로 하고, 전쟁터에서 한 발짝 물러 관조하니 그 태풍은 태풍이 아니었다. 단지 찻잔 속의 미풍에 불과했다는 사실을 알게 되었다.

당시 시장에서는 가치평가Valuation라는 말 자체가 생소했다. 그 대신 시장은 주로 모멘텀에 의해 움직였다. 시장에 그러한 모멘텀을 불어 넣는 요인들은 바로 내부 정보, 루머, 각종 뉴스와 그러한 소재들에 편승한 작전 세력들의 준동이었다. 고급스럽게 표현해서 모멘텀이지 지금의 관점으로 보



새로운 투자분석들이
등장하다

면 합리와 이성이 아닌 야만의 투자와 다름없었다. 그 전형적 사례를 한 가지만 들어 보자. 당시 주가평가는 주로 절대가격의 관점에서 이루어진 셈이다. 예컨대 사업 내용이 동일한 A사와 B사가 있다고 치자. EPS(주당순이익) 5,000원인 A사의 주가가 50,000원이고, EPS 500원인 B사의 주가가 10,000원일 때 당시 시장은 A사가 B사보다 비싼 것으로 받아들였다. 절대가격이 5배 비쌌기 때문이다. 여기에 아주 간단한 PER(주당이익배수)의 개념을 접목시키면 A가 B사보다 2배나 싸다(저평가됐다)는 사실을 요즘은 웬만한 초보 투자자들도 다 안다. 이러한 간단한 가치평가의 개념도 통용되지 않던 시절이 우리에겐 있었다.

그러나 이러한 관점에 변화가 일어났다. 1992년 해외 투자자에 대한 국내 증시 개방을 필두로 1997년 IMF 외환위기로 인한 전폭적인 증시 개방이 바로 그 촉매제였다. 특히 외환위기 이후 기업 가치가 우량한 곳의 주가는 회복되었지만, 가치가 뒷받침되지 않았던 기업들의 주식은 휴지조각이 되는 것을 목도할 수 있었다. 우리는 엄청난 수업료를 지불하고 비로소 기업의 가치와 가격의 차이를 깨달은 것이다. 아마도 IMF 외환위기 이전 우리 시장의 참여자들에게 기업 가치에 대한 인식만이라도 공유되었다면 그렇게 헐값에 우량기업들을 앞다투어 내다 팔지는 않았으리라. 최소한 PER 잣대만이라도 공유했다면 말이다.


다시 유엔 책임투자 원칙 회의장으로 돌아가 보자. 나는 그곳에서 이미 국제적으로 새로운 분석 잣대가 입지를 굳히며 자리 잡고 있음을 감지할 수 있었다. ESG라는 잣대가 바로 그것이다. 그리고 그러한 변화의 배경도 아주 쉽게 생각해 볼 수 있었다. 2003년 영국 크랜필드<sub>Cranfield</sub> 경영대학원의 유진 다음<sub>Juergen H. Daum</sub> 교수는 S&P 500 기업들의 무형자산과 유형자산의 비율을 분석한 바 있다(64쪽 그림 참조). 그 결과 기업의 시장가치를 구성하는 무형자산과 유형자산의 비율을 보면 1982년 38:62에서, 2002년 82:18로 크게 변화함을 알 수 있었다. 이는 투자자들이 기업의 유형자산 가치보다 무형자산의 가치를 4배 가까이 더 평가해 주고 있다는 사실을 설명한다. 전자가 공장, 기계, 각종 시설 및 인프라, 재고 자산 등을 말한다면, 후자는 바로 CEO의 도덕성 및 리더십, 노사관계, 투명성, 소비자 평판, 지적 자산, 혁신능력, 브랜드 가치, 환경 위험 관리능력, R&D 파이프라인 등을 말한다.

그런데 여기서 자세히 보니 기업 가치의 대부분을 구성하는 무형자산은 주로 기업의 ESG 요소와 매우 밀접함을 알 수 있다. 이런 연유로 세계적 투자 기관들이 앞다투어 ESG를 매우 중요한 잣대로 활용하는 것이고, 유엔도 ESG 분석을 촉진하기 위해 PRI를 제정했으며, 현재 이 PRI에 약 22조 달러의 자산을 보유하고 있는 전 세계 800여 곳의 대형 투자 기관들이 참여하고 있는 것이다. 어찌 보면 지식집약적인 경제로 진입하면서 무형자산을 활용한 부가가치 창출이 더욱 큰 비중을 차지하게 되고, 시장도 그것을 반영하고 있는 터에 투자자들에게도 무형가치를 평가하는 방법론 개발이 매우 중요하고 긴급한 과제가 아닐 수 없다. 그러한 연장선상에서 이미 국제적 투자 기관들은 ESG에 대해 심도 있게 연구하고 의견 교환을 하고 있는 것이다.

사람의 유형을 이렇게도 분류할 수 있겠다. 과거에 집착하는 사람, 현재에 초점을 맞추는 사람, 그리고 미래를 지향하는 사람. 이런 분류법은 평범한 투자자들에게도 그대로 적용될 수 있다. 그러나 현명한 투자자는 과거로부터 배우고, 현재에 충실하며, 미래를 탐구하는 사람일 것이다. 그렇다면 우리의 과거인 비이성적 모멘텀에서 배우고, 현재의 재무평가에 충실하면서, 이미 진행된 미래의 비재무적 평가, 즉 ESG까지 탐구한다면 현명한 투자자가 될 것이다. 문제는 수업료를 많이 지불하지 않고 미리 예측하여 배우는 현명함이다. 누가 먼저 현명한 투자자가 될 것인가.

## 기후변화도 투자의 소재다

인류의 과학과 기술 그리고 진보는 어찌 보면 자연환경의 한계를 극복해 온 과정이나 다름없다. 고대의 인간들은 자연의 변덕 앞에 속수무책일 수밖에 없었다. 자연현상들에는 온통 불확실한 것뿐이었다. 순식간에 홍수가 밀려와 생명을 위협하더니 어느 틈엔가 물이 말라 갈증과 굶주림으로 고통을 겪고 산다. 한파로 꽁꽁 얼다가 이내 폭염으로 숨 막히게 된다. 그리고 태풍, 산사태, 지진, 해일, 각종 풍토병과 맹수의 위협까지 자연은 실로 벅차고 까다로운 상대다. 저술가이자 투자 전략가 피터 번스타인Peter L. Bernstein은 《신에 대항하여, 위험의 놀라운 이야기Against the Gods: The Remarkable Story of Risk》에서 인류는 자연의 위험을 지배함으로써 신의 변덕에 좌지우지되는 것에서 벗어났고, 자연 앞에서 더 이상 수동적인 자세에 머물지 않게 되었다고 말한다. 그의 말은 과연 옳을까.

아마도 그의 말은 인류가 그들의 자만심을 깨닫기 전까지는 유효한 듯하다. 기후변화라는 자연의 대반격이 시작되기 전까지 말이다. 인류가 만들어 낸 훌륭한 발명품의 하나인 시장Market도 이 기후변화의 문제를 풀 수 없었다. 오히려 그것을 조장한 감이 없지 않다. 1968년 미국 캘리포니아 대학의 인류생태학 교수를 지낸 가렛 하딘은 〈사이언스〉에 실린 "공유지의 비극"이란 글에서 이 문제를 간명하게 설명해 주었다. 가렛이 말하는 공유지란 공공재(물, 공기, 삼림, 어족자원 등)를 말한다. 이들에 대한 수요가 급증하면서 공공재들에게서 문제가 발생한 것이다. 시장 참여자들이 공짜라는 이유로 앞다투어 공공재를 사용하며 훼손했기 때문이다. 여기서 기후라는 공유지에도 문제가 생겼다. 기후의 규칙적인 사이클에 불규칙의 일탈이 발생한 것이다.

여러 권위 있는 전문가들이 이 불규칙한 현상 등을 자세히 연구했다. 대표적 인물이 바로 영국 런던정경 대학의 경제학자 니콜라스 스턴Nicholas Stern이다. 스턴 교수는 2006년 토니 블레어 정부의 용역을 받아 유명한 '스턴리뷰'를 발표했다. 여기서 그는 기후변화란 '외부불경제Economic Externality'의 전형이라고 단언한다. 전 지구적으로, 매우 장기적으로 발생하며, 불확실한 것으로 다가오나, 그 피해가 발생하면 되돌릴 수 없는 시장실패 요인이라고 일갈한다. 산업혁명 이전에 280ppm이던 대기 중 $CO_2$ 농도가 그 이후 꾸준히 증가해 현재는 약 380ppm으로 급증했다. 이 추세로 가면 2050년에는 500ppm이 될 것이며, 이 경우 지구의 평균온도는 섭씨 2도가량 올라갈 것이라고 경고한다.

이런 가정하에 그는 다음과 같은 무시무시한 시나리오를 제시한다. "남아프리카나 지중해 일대에서 20~30% 이상의 물이 줄어든다. 열대지방에서의 식량 수확량이 급감한다. 아프리카에서 4천만에서 6천만의 사람들이 말라리아의 위험에 처하게 된다. 매년 1천만 명 이상의 사람들이 홍수를 겪는다. 15~40%의 종種들이 멸종될 것이다. 그린란드의 해빙으로 해수면은 7미터 이상 상승할 것이다." 물론 스턴 교수의 연구물에 대한 비판도 만만치 않다. 기후변화가 인간행동Anthropogenic의 결과물이 아니라, 자연의 주기적 변화Natural Cycle에서 비롯된 것이라는 주장이 그것이다. 또한 스턴 교수가



새로운 투자분석들이
등장하다

기후변화로 인한 세계경제의 피해액 산정에서 가정의 심각한 오류를 범하고 있다고도 꼬집는다. 그러나 2007년 유엔 기후변화 범정부 위원회IPCC도 4차 보고서를 내놓으며 '스턴리뷰'에 장단을 맞췄다. 익히 알려졌듯이 이 위원회는 2,500여 명의 기라성 같은 과학자, 경제학자, 정책전문가 등이 대거 참여하고 있다. 이들은 산업혁명 이후 화석연료의 사용량 증가가 온실가스Greenhouse Gas의 대기 중 농도의 현저한 상승을 초래했고, 이로 인해 지난 100년간 지구의 평균온도가 섭씨 0.74도 상승했다는 사실을 과학적으로 규명하고 실증적으로 선포했다. 그리고 무엇보다 지난 65만 년 동안의 대기 중 $CO_2$농도를 추적해서 발표한 것은 단연 압권이다. 이 추적 그래프에서 지난 65만 년 동안의 $CO_2$농도는 약 200ppm에서 280ppm을 박스권으로 하여 움직였으나 최근 들어 그 박스권을 상승 이탈하여 약 380ppm에 달하고 있음을 확연히 볼 수 있다. 이는 자연적 주기론자들의 주장을 일축해 버릴 수 있는 실증적 자료가 된다.

이제 기업 문제로 돌아와 볼 때, 중요한 사실은 이미 세계 여러 나라들이 '오염자 부담의 원칙Polluter Pay'을 들고 나와 온실가스 배출자들에게 외부화Externalize한 비용을 다시 내부화Internalize하라고 압박하고 있다는 사실이다. 강 건너 불이 어느새 발등의 불로 옮겨 왔음을 직시해야 한다. 이에 새로운 비용, 새로운 위험을 감지한 기업들이 민첩하게 움직이고 있다. 이 거대한 위험에 대해 국제적 투자자들이 모를 리 없으니 그들도 대처에 나섰다. 위험 속에 숨은 기회를 찾아 수익으로 연결시키려는 투자자들도 줄을 잇는다. 새로운 시장의 지평이 열린 것이다. 투자은행인 리먼브러더스Lehman Brothers와 메릴린치Merrill Lynch도 보고서를 내놓으며 투자자들을 위한 서비스에 나섰다. 기관투자자들은 '기후변화 위험 투자자 네트워크INCR', '기후변화를 위한 기관투자자 그룹IIGCC'을 결성했다.

특히 메릴린치는 "기후변화에의 대응 – 위험과 기회요인Combating Climate Change- Opportunities and Risks"이라는 보고서에서 "전기, 석유 산업 등과 같은 유틸리티뿐만이 아니라 모든 산업들이 기후변화의 위험에 노출되어 있다"고 경고한다. 정부와 국제기구들의 강한 규제, 투자자들의 높은 관여 수준, 공급사슬에 대한 소비자들의 투명성 요구, 기업의 평판위험과의 관련 등으로 인해 기업들은 그 위험으로부터 더 이상 숨을 곳이 없다고 말한다. 따라서 투자자들은 기후변화의 잠재적 고위험 산업을 가려내기 위해 산업별 분석에 나섰다. 총 57조 달러의 운용자산을 보유한 기관투자자들이 연대해서 탄소정보공개프로젝트라는 이름으로 전 세계 3,000개 기업들에게 탄소정보를 공개할 것을 요구하고 있다. 또한 투자자들은 'CO$_2$/수익', 'CO$_2$/EBITDA' 등의 지표를 통해 상대적인 위험정도를 투자에 반영하기 시작했다. 위험과 기회를 투자에 반영하지 않으면 수탁자 책무 유기가 되기 때문이다.


이쯤 되고 보니, 자연을 지배하며 신의 변덕을 제압하겠다던 인류는 예기치 못한 새로운 위험에 직면했다. 적어도 피터 번스타인의 자신에 찬 말은 오버인 듯하다. 자연의 반격을 생각지 못했기 때문이다. 과거의 위험이 자연 재해였다면 현재의 위험은 인간의 행동과잉에서 비롯된 인재人災의 성격이 짙다. 따라서 과거의 해법이 자연을 어떻게 극복하느냐에 방점을 찍었다면 현재의 해법은 자연과 어떻게 상생할 수 있느냐에 천착해야 한다. 시장도 이런 선상에서 작동하고 있다. 이에 둔감한 기업들은 그에 상응하는 채찍을 맞을 것이다. 관성의 고리를 끊고 자연과 상생을 도모하는 기업들은 그에 상응하는 당근을 얻을 것이다. 당연히 국제적 투자자도 이러한 채찍과 당근을 투자에 반영하고 나섰다. 기업의 불확실성Uncertainty의 위험 정도를 고려하는 것이 투자의 기본이기 때문이다.

## 진정한 녹색투자의 조건은 위험을 판별하는 것

2010년 대한민국에서는 녹색이 대유행이다. 어느 신문을 집어 들더라도 녹색 이야기는 약방의 감초와 같이 등장한다. 아마도 이런 녹색열풍의 진원은 이명박 대통령이 아닌가 싶다. 2008년 광복절 축사에서 그는 새로운 국가비전으로 '저탄소 녹색성장'을 천명하고 이 정책을 최우선 과제로 선정하여 밀어 붙이고 있기 때문이다. 그 후 대한민국의 코드는 온통 '그린'이 되었다. 물론 대의적인 관점에서 그는 훌륭한 드라이브를 걸었다. 잘한 일이고 환영할 만한 일이다. 다만 녹색과 성장이라는 제로 섬 내지는 마이너스 섬Minus Sum적 개념을 어떻게 플러스 섬Plus Sum 게임으로 풀어 가느냐의 문제는 여전히 현재진행형 과제다.

이 과제를 잘 풀기 위해선 역시 돈의 역할이 중요하다. 최근의 금융위기에서 경험했듯이 돈이 탐욕스러워지면 경제도 탐욕스럽고 게걸스러워진다. 돈이 똑똑해지면 경제와 산업도 똑똑해진다. 같은 이치로 돈이 녹색을 제대로 이해해야 진정한 그린머니가 될 수 있고, 그러한 돈들이 녹색성장을 효율적으로 견인해 나갈 것이다. 여기서 녹색투자의 중요성이 부각된다. 녹색투자란 '환경'으로 돈을 벌거나 지키는 것이다. 즉 '번다'는 의미는 친환경, 신재생에너지 등과 관련된 기술에 투자하여 부가가치를 창출함으로써 돈을 버는 것이다. 반면 '지킨다'는 뜻은 투자 대상 기업의 환경 리스크나 코스트를 신중히 고려하여 투자함으로써 잠재적 투자손실을 최소화하고 따라서 손해 볼 때도 남들보다 덜 손해 보는 것을 말한다.

따라서 녹색투자는 이 두 마리 토끼를 함께 쫓는 것이다. 투자 수익의 극대화와 투자위험의 최소화가 그것이다. 그런데 최근 녹색성장 담론은 지나치게 전자의 수익 극대화 토끼만을 쫓는 느낌이다. 이는 어찌 보면 경제의 기본 밸런스를 무시한 것이다. 위험을 도외시하고 기회만을 추구하면 자칫 탐욕의 기제가 발동하고 그것은 또 다른 버블을 양산할 가능성이 매우 높기 때문이다.

나는 지난 20년 동안 우리 증권시장에서 일어났던 버블의 현장을 아주 가까이서 지켜봐 왔다. 그 버블의 한복판에는 늘 친환경 관련 기술과 기업들이 단골 메뉴처럼 등장했다. 대기오염이 화두였을 당시에는 매연저감장치 기술을 보유한 기업의 주가가 천정부지로 뛰어올랐다. 폐수 문제와 쓰레기 처리 등이 이슈였을 당시에는 폐수 처리와 쓰레기 처리 기술을 보유한 회사의 주가가 엄청난 대박을 터뜨리기도 했다. 그러나 그 결과는 십중팔구 버블 붕괴로 이어졌다. 대부분의 투자자들은 귀중한 돈을 잃고 통한의 눈물을 흘려야 했다.

이 모두 밸런스를 잃으면서 돈이 탐욕스러워진 까닭이다. 나는 이 지점에서 현명한 녹색투자와 녹색투자의 밸런스 회복을 위해 한 가지를 제언코자 한다. 결론부터 말하자면 기업의 환경영향Environmental Impact과 관련된 정보 데이터베이스DB의 구축이 바로 그것이다. "측정하지 못하면 관리하지 못한다"는 말은 적어도 투자에서도 통용되는 금언 중 하나다. 기업의 환경영향에 대한 양적 평가가 가능해야 기업의 환경 리스크 수준을 판별할 수 있기 때문이다. 따라서 측정 근거가 되는 관련 데이터와 정보의 수집 및 구축은 어찌 보면 녹색투자의 첫 단추를 끼는 일과 다름없다. 물론 이 작업에는 제약 요소가 많다. 그중 기업의 환경 관련 공시정보의 부족이 바로 최대 걸림돌이다.

이 걸림돌을 해소할 수 있는 모델이 하나 있다. 영국의 트루코스트Trucost가



새로운 투자분석들이
등장하다

제시하는 모델이다. 그들은 1973년 노벨 경제학상을 수상한 바실리 레온티예프<sub>Wassily Leontief</sub>가 제시한 투입·산출 모델을 원용하여 기업의 환경영향 분석 모델을 만들었다. 이 모델은 기업들의 공개된 각종 재무정보를 활용하여 환경영향 데이터를 역산해 내는 방식이다. 이것을 가능하게 하도록 한 단위의 제품을 생산하는 데 소요되는 투입 에너지나 자원들을 분석하고, 이 투입 에너지가 발생하는 환경부하의 정도를 산업별로 도해한다. 이것을 활용하여 그들은 기업들이 발생시키는 700가지 이상의 환경영향 정보들을 모아 관리한다.

나는 트루코스트의 방식을 우리도 벤치마킹할 것을 제안한다. 이 모델은 신재생에너지 분야 등과 같이 천문학적 규모의 액수를 투자하지 않더라도 녹색투자의 리스크를 효과적으로 관리할 수 있으리라고 나는 믿는다. 어찌 보면 세상을 바꾸는 혁신적 아이디어는 '백 투 더 베이직스<sub>Back to the Basics</sub>'에서 발견되는 경우가 의외로 많음을 알아야 한다. 기본으로 돌아갈 때 녹색과 성장이 비로소 플러스 섬의 시너지를 창출할 것이다.

## 칼 아이칸과 현대차 노조 문제의 공통점

《쾌도난마 한국경제》(장하준·정승일, 부키, 2005)를 읽었다. 이 책에서는 낯익은 두 학자가 한국 경제 전반을 놓고 격렬한 토론을 벌이고 있다. 그중에서도 지금껏 생생히 기억되는 내용은 바로 주주자본주의에 대한 성토와 우려의 목소리다. 즉, 주주자본주의가 확대되면 자연스레 배당률이 올라가고 기업 입장에서는 투자할 돈이 그만큼 줄어들게 된다는 것이다. 또한 주식시장이 요구하는 높은 투자 수익률을 의식하면 섣불리 투자에 나설 수도 없게 된다. 결과적으로 투자율 저하로 인한 저성장의 악순환 고리가 더욱 고착된다는 내용이다.

2006년, 이러한 우려의 목소리를 입증하는 듯한 사건이 벌어졌다. 바로 칼 아이칸 연합군의 KT&G에 대한 주주행동주의였다. 물론 적극적인 관여전략을 통해 기업 가치를 제고하려는 그들의 시도 자체에 문제가 있다고 생각하지는 않지만, 칼 아이칸 측이 제시한 요구사항들이 장기적 기업 가치 제고에 얼마나 부합하는 내용인가에 대해서는 좀 의아스러운 대목이 있었다. 그중에서도 배당에 대한 그들의 요구는 더욱 그랬다.

KT&G는 2002년부터 2005년까지 평균적으로 50% 가까운 배당 성향을 나타냈는데, 이는 세계적인 담배회사들의 배당 성향인 50~68%의 범주에서 벗어나는 수준은 아니었다. 오히려 지난 4년 동안 KT&G의 평균 주식 소각률이 6.6%였다는 점을 고려하면 전체적인 주주 환원 정책에 있어서 큰 문제점이 눈에 띠지는 않았다.

아니나 다를까. 칼 아이칸 측은 그해 12월 5일, 분위기만 한껏 달궈 놓고 시세차익을 챙긴 채 떠났다. 결과적으로 그들의 과도한 배당요구는 단기 투자를 염두에 둔 곶감 빼먹기 시도로 판명된 셈이다. 주주 가치를 주장하는 듯했지만 내심 그들은 단기 기업 가치를 한껏 올려놓고 이익을 챙기려는 단기투자자의 전형을 우리에게 보여 줬을 뿐이다.


몇 해 전 일이다. 매년 그래왔듯이 현대자동차 문제가 새해 벽두부터 뉴스의 헤드라인을 장식했다. 회사의 성과급 지급에 불만을 품은 노조가 시무식에서부터 과격한 집단행동을 한 것이다. 분명 폭력은 문제지만 지금 이 자리에서 국외자 수준의 정보로 가타부타 논하는 것은 조심스럽다. 현대차 노사문제는 꽤나 구조적이고, 그 뿌리가 깊이 뒤엉켜 있는 까닭에 문제의 근본 원인을 모르고 특정한 입장을 취하는 것이 자칫 경솔할 수도 있기 때



새로운 투자분석들이
등장하다

문이다. 다만 사회책임투자자의 입장에서 이 문제를 바라본다면, 앞서 《쾌도난마 한국경제》의 두 학자들처럼 비슷한 유형의 우려를 떨치기 힘들다. 두 학자들이 주주자본주의의 폐해인 기업경영의 단기화를 지적하고 우려했듯이, 사회책임투자자들에게 현대차 노사부문의 문제는 디스카운트하거나, 심한 경우 네거티브 스크리닝을 해야 할 측면들이 눈에 띄는 까닭이다.

왜냐하면 기업경영을 일컬어 다양한 이해관계자들의 이익을 균형 있게 저글링Juggling하는 것이라고 본다면, 현대차의 경우는 기업을 둘러싸고 있는 주주, 고객, 정부, 지역사회, 협력업체, 종업원 등 다양한 이해관계자들 중에서 '종업원 부문'의 위험요소가 지나치게 돌출적이고 그에 따른 불확실성의 위험이 매우 높게 나타나기 때문이다. 이는 마치 저글링에서 어느 공이든 한 개의 공이 지나치게 무거우면 공의 회전이 오래 지속될 수 없는 이치나 다름없다. 다시 말하자면 악순환의 시작은 어느 이해관계자 측면에서든 발생할 수 있고, 그것은 앞서 두 학자들이 지적했던 '단기 주주이익'에서뿐만 아니고 '단기 종업원이익'에서도 일어날 수 있다고 생각한다.

예컨대 '단기 주주이익'에서 과대배당, 성장 동력의 쇠진, 주가 하락, 자금조달의 어려움, 현금 흐름 악화, 성장 저하라는 악순환 고리를 예상할 수 있듯이, '단기 종업원이익'에서도 다음의 악순환을 상정해 볼 수도 있다. 파업을 밥먹듯 하는 노조, 무원칙으로 허둥대는 경영진, 그로 인한 조업 차질 및 생산대수의 저하, 출고일 지연, 소비자 불이익의 빈번한 발생, 소비자 불매운동, 협력업체 자금사정 악화 및 경영 위축 같은 악순환이 그러하다.

사회책임투자는 전 부문을 고루 바라보며 투자하는 것이다. 기업의 다양한 이해관계자이익의 순환구조를 따져서 그 내부에 병목이 존재한다면 그것을 기업 분석에 반영하는 투자다. 따라서 칼 아이칸처럼 단기주주이익에

올인하는 투자자에게도, 현대차처럼 종업원의 단기성과급에 목을 매는 노
조에게도 사회책임투자자들은 소리칠 것이다. 과유불급過猶不及이며 중용의
도를 지키라고. 국제적 단기투기자본의 폐해와 기업 이해관계자의 님비 현
상(꼭 필요한 공공시설이지만 자신이 사는 곳에 설치하는 것만은 기피하는 것)이
라는 두 가지 난마를 단칼에 베어 낼 수 있는 한국 경제의 쾌도난마는 다
름 아닌 사회책임투자가 아닐까 싶다.

## 세상을 바꾼 '아름다운 야망'

### │ 새로운 기준 GRI 설립 주역, 매씨 박사 이야기

2006년 10월 6일, 암스테르담에서 열린 유엔 GRIGlobal Reporting Initiatives G3 컨퍼런스의 마지막 밤이었다. 전 세계에서 모인 1,000여 명의 참가자들은 도시 강어귀의 대형 파티 연회장에 모여 있었다. 성공적인 G3 컨퍼런스의 마지막 밤을 축하하는 자리였다. 몇 가지 문화 이벤트가 끝나자, 사회자는 한 사람을 소개했다. 로버트 매씨Robert K. Massie 박사가 바로 그였다.

"오늘날 전 세계적으로 주목받고 있는 GRI는 10년 전 어느 야망가의 모험적인 꿈에서 시작되었습니다. 그분을 모시겠습니다."

한쪽 테이블에서 한 사람이 옆 사람들의 부축을 받고 일어선다. 그는 목발에 의지한 채 천천히 단상으로 향한다. 몇 사람들이 기립박수를 시작하자 홀을 가득 메운 참가자들 모두가 일어나 열광적인 박수를 보낸다. 그가 단상에 오르기까지 5분 남짓 지체됐을까. 비로소 박수갈채가 멈췄다. 감동적인 순간이었다. 매씨 박사는 선천성 혈우병 환자인데다 그 합병증으로 두 다리를 거의 못쓰는 중증 장애인이다. 설상가상으로 20여 년 전에는 수혈 과정에서 HIV에 감염되었다. 현재 그는 매일 수십 가지 약물을 복용해야만 생존할 수 있다고 한다.

그러나 이런 신체적 제약이 그의 꿈과 비전을 제약하지는 못했다. 1996년 4월, 그는 당시로선 누구도 감히 상상하기 어려웠던 야심 찬 프로젝트의 첫발을 내딛는다. 오늘날 G3로 발전된 GRI가 바로 그것이다. 그는 미국 하버드 대학 박사과정에서부터, 대형 기관투자가들이 의사결정 과정에서 사회적 이슈들을 어떻게 다루는가의 문제에 천착했다. GRI는 그의 이러한 문제의식의 결과물이라 해도 과언이 아니다. GRI는 기업과 이해관계자들을 매개하는 사회적·환경적 이슈들을 기업이 어떻게 합리적인 틀 속에서 생산하고 공개할 수 있느냐를 다루고 있다.

당시 그 시도는 무모한 실험으로 폄하되었다. 뜬구름 잡는 이야기로 치부되기도 했다. 사회적·환경적 이슈들과 기업 가치의 상관관계에 대한 실증적 연구가 전무한 상황에서 주류 투자은행들이나 다국적 기업, 컨설팅 회사들이 변방의 그 실험에 주목할 리는 더더욱 만무했다. 그러나 꿈은 꿈꾸는 자들만의 전유물이 아니다. 그 꿈에 열정과 집념이 더해지면 널리 전파되고 확산되기 때문이다. 매씨 박사의 꿈과 비전도 그러했다. 이제 더 이상 주류 투자가들도 투자와 사회적·환경적 이슈들을 유리된 관계로 보지 않는다. 다국적 투자은행들과 컨설팅 회사들도 앞다투어 그 상관성을 지지하는 실증적인 연구와 조사들을 발표하고 있다.



새로운 투자분석들이
등장하다

2007년 7월 5일 스위스 제네바의 글로벌 컴팩 정상회담Global Compact Leaders Summit에서는 새로운 주장이 제기됐다. 골드만삭스와 맥킨지가 그 주인공들이었다. 반기문 유엔 사무총장도, 조지 켈George Kell 글로벌 컴팩 대표도 이들의 분석 결과에 화답했다. 이들은 ESG 정책을 경영에 접목시키는 일은 장기적 기업 가치를 제고하고 동시에 시장으로부터 보상을 받는다는 증거가 있고, ESG 이슈는 이제 기업과 투자자에게 중대한 위험이자 기회요소라고 입을 모아 말했다.

골드만삭스는 그 회담에서 지난 3년여 동안의 연구 결과Introducing GS SUSTAIN를 발표했다. 에너지, 철강, 광업, 식품, 음료, 미디어 등 6개 섹터들을 분석한 결과 ESG 요소, 산업별 경쟁우위, 현금리턴CROCI, Cash Return on Capital Invested의 세 가지 측면에서 고루 좋은 실적을 낸 상위 기업들의 주가가 2005년 8월 이래 MSCI 지수를 약 25% 이상 넘어서고 있다는 내용이었다. 맥킨지 역시 전 세계 391명의 CEO를 대상으로 한 설문조사 결과Shaping the New Rule of Competition를 발표했다. 응답자의 90% 이상이 ESG 이슈들을 5년 전보다 더욱 그들의 경영 전략과 생산활동에 통합시키고 있으며, 그들 중 72%는 기업의 사회적 책임CSR 이슈를 그들의 전략에 포함시키는 것이 매우 중요한 의미를 가진다는 결과가 나왔다.


10여 년 전 한 야망가의 꿈은 전 세계 여러 현장에서 현실화되고 있다. 우리 역시 바깥세상의 변화를 한가로이 지켜보는 것만으로 만족할 순 없다. 우리도 우리의 꿈을 꾸고 비전을 세워야 한다. 당장은 무모한 꿈, 뜬구름 잡는 꿈으로 보이더라도 말이다.

줄자와 구경자전거

　재단사에겐 줄자가 필수품의 하나다. 줄자가 있어야 신체의 곡선이 반영된 길이를 정확히 잴 수 있다. 또 그 사이즈에 맞게 옷감을 재단할 때 아귀가 맞는 알맞은 옷들이 만들어진다. 이렇듯 옷 만드는 일에 신체 사이즈를 재는 방법과 그 잣대는 매우 중요하다. 잣대의 중요성은 옷 만드는 일에만 국한되지 않는다. 마라톤 코스를 다른 한 예로 생각해 보자. 마라톤 코스는 약 42킬로미터다. 이 긴 거리를 정확히 측정하는 방법은 매우 중요하다. 그 측정에서 객관적으로 신뢰할 수 있는 잣대를 충실히 사용해야 코스의 신뢰성이 생긴다. 그러할 때 그 코스의 기록도 국제적으로 공인될 수 있음은 물론이다.

　일반적으로 작업의 속성과 내용에 따라 잣대는 달라진다. 만일 재단사가 사용하는 1미터 내외의 줄자로 마라톤 코스를 측정한다고 생각해 보자. 우선 엄청난 에너지와 시간이 소비될 것이다. 그리고 그러한 시간적 투자에도 불구하고 코스의 정확성은 그리 높지 않을 것이다. 왜냐하면 1미터 단위로 측정이 정확하게 이루어진다 하더라도 42,000번 이상이라는 과정을 되풀이하다 보면 오차의 합이 커질 것은 불 보듯 뻔하기 때문이다. 그 반대로 마라톤 코스를 측정하는 구경자전거Calibrated Bicycle로 재단을 한다면 매우 우스꽝스런 장면이 연출될 것이다. 사람의 신체 각 부분 위에 자전거의 바퀴를 갖다 놓고 바퀴의 회전수를 계산하여 길이를 재는 코미디 같은 상황이 그려질 수 있다. 이것은 잣대의 정확성 문제를 떠나 효율성과 적합성의 문제를 제기하게 될 것이다.

일반적으로 투자를 기간에 따라 나눠 보면 단타매매Day Trading라고 부르는 초 단기투자, 며칠 단위로 차익을 추구하는 단기투자, 분기별 실적을 고려하여 몇 개월 단위로 이뤄지는 중기투자, 그리고 1, 2년여의 기간 동안 실행되는 중장기투자, 마지막으로 3년 이상에서부터 수십 년까지 투자 대상 회사의 산업 및 경기 사이클을 고려하며 투자하는 장기투자까지 다양하다. 그런데 여기서도 투자기간에 따라 투자지표나 방법 등은 많이 달라진다. 즉, 잣대가 달라지는 것이다. 예컨대 초단기나 단기투자자들에게 중요한 잣대는 시시각각 변하는 거래량과 각종 차트의 변화, 현 선물지수의 현란한 움직임, 증권시장을 둘러싼 각종 정보나 뉴스, 주요 투자자들의 매매동향 등이지 고리타분하게 느껴지는 재무나 산업 그리고 각종 경제지표들의 분석이 아닐 것이다. 그러나 투자기간을 중기투자로 좀더 늘려 보면 재무제표 분석은 매우 유용한 투자 잣대로 등장한다. 무엇보다 분기별 기업 실적을 예상하고 실제 실적과의 차이를 체크하며 분석하는 일은 매우 중요한 일이다. 이러한 실적을 보다 체계적이며 일목요연하게 설명해 주는 지표들이 바로 EPS, BPS, ROE, ROA, P/E Ratio, EV/EBITDA 등이다.

그러면 여기서 기간을 더욱 늘려 장기투자를 생각해 보자. 일반적으로 장기투자로 통용되는 3년 이상에서부터 연금펀드의 경우처럼 수십 년을 상정해 보면 새로운 잣대의 필요성을 감지할 수 있다. 이는 중기투자에서 주로 사용하는 잣대들이 기업의 장기적 가치를 적절히 설명할 수 없는 한계를 인식한다면 더욱 그렇다. 예컨대 일반적으로 중장기투자자들에게 증권투자에서 전가의 보도처럼 중용되는 '주당 순이익EPS'이라는 잣대를 생각해 보자. 이것은 기업의 순이익을 총 발행주식수로 나눈 것으로, 기업의 수익성을 판단하는 대표적인 지표로 널리 통용된다.

그러나 EPS는 경제적 부가가치<sup>EVA, Economic Value Added</sup>의 관점에서 보면 장기적인 기업 가치를 정확히 반영치 못한다는 지적을 받고 있다. 즉, EPS의 개념에는 기업의 자본코스트<sup>WACC, 타인자본과 자기자본 코스트의 가중평균비용</sup>에서 자기자본 비용을 제대로 반영하지 못하기 때문이다. 따라서 기업의 자본코스트를 만족시키지 못하기에 결과적으로 기업의 장기가치에 부정적인 영향을 끼칠 수 있는 EPS 상승도 얼마든지 생각할 수 있는 것이다.

이렇듯 중기투자에는 유효하나 장기투자에는 그 유의성이 떨어지는 지표들이 얼마든지 존재한다. 이것들을 그대로 사용하는 것은 마치 줄자를 갖고 온갖 에너지를 소모하며 마라톤 코스를 측정하는 꼴이다. 1미터 단위로는 정확한 것 같지만 42킬로미터 전체를 생각하면 정확성이 크게 떨어질 뿐 아니라 자칫 잘못하면 삼천포로 빠질 가능성도 매우 높은 까닭이다.

따라서 마라톤 코스의 '구경자전거 측정법'처럼 장기투자에 대한 적절한 잣대들이 나와야 한다. 다양한 방법들이 가능할 것이다. 기업의 리스크를 특정 분석모델을 토대로 체계적으로 측정할 수도 있고, 사회책임투자의 ESG 평가모형을 통해 기업의 위험과 기회요인을 판별해 볼 수도 있다. 아니면 두 가지 방법들을 혼용할 수도 있다.


2006년부터 국내에서도 장기투자를 지향하는 사회책임투자가 보급되기 시작했다. 그러나 사회책임투자가 일시적 유행이 아니라 지속가능한 영역으로 자리 잡기 위해서는 무엇보다 시급한 과제가 하나 있다. 바로 기업의 지속가능성을 평가할 수 있는 다양한 잣대의 개발이다. 이것이 이뤄지지 않으면 우리나라의 사회책임투자는 '모래 성' 위에 놓인 '속 빈 강정'에 지나지 않는다. '모래 성'이든 '속 빈 강정'이든 공통점은 '지속 불가능'하다는 점이다.



새로운 투자분석들이
등장하다

## 주식투자자들의 숙면법



### | 주식형 펀드 고르는 법

월가의 살아 있는 전설로 통하는 존 템플턴John Templeton은 주식시장을 "낙관론자와 비관론자의 게임"이라고 말한 바 있다. 매일매일 시장에서 발생하는 거래량은 낙관(매수)과 비관(매도)이 만나 발생하는 것이며 이를 통해 유가증권 자산의 유동화가 촉진되기 때문이다.

그러나 그는 "그 게임에서 결국은 낙관론자가 이긴다"라고 다시 말한다. 즉, 시장을 낙관적으로 보고 '매수 후 보유Buy & Hold' 전략을 펼치는 투자자가 '매도와 매수Sell & Buy'를 반복하는 투자자보다 수익률에서 앞설 것이라는 말로도 해석할 수 있다.

템플턴의 이러한 말에는 그의 70여 년 월가 경험이 녹아 있다. 다우지수가 P170이던 1937년에 월가에 발을 들여놓은 이래, P14,000을 기록했던 2007년까지 주식시장을 지켜보고 있는 그에겐 시장에서의 일희일비와 공포, 온갖 변덕스런 심리작용들과 그것들에 의존한 매매행위가 참 부질없는 행위로 보였을 수도 있다.

1987년은 다우지수의 역사적 해이기도 하다. 그해 P1,895에서 시작했던 다우는 8개월 동안 44%가 올라 P2,722까지 상승했다가 이내 정점을 지나 두 달 동안 약 1,000P가 하락하며 사상 최악의 폭락을 기록한다. 그 유명한 10월 19일 '블랙 먼데이'에는 하루 만에 508P가 폭락하며 투자자들의 애간장을 끊어 놓기도 했다.

그러나 동트기 직전이 가장 어둡다고 했던가? 폭락의 변곡점을 지나 다우지수는 이후 10여 년 동안 지속적인 상승을 거듭하여 급기야 1999년에는 역사적인 P10,000에 도달하게 된다. 따라서 '블랙 먼데이'와 같은 대폭락 장세에서도 초연함과 평상심을 유지하며 장기투자를 견지했던 낙관적 투자가들은 시장에서 투자 성과를 얻었을 것이고, 성마르게 매매에 의존했던 투자자들은 아마도 투자손실을 얻었을 가능성이 매우 높다.

우리나라 주식시장은 선진국 시장에 비해 변동성이 대단히 크다. 따라서 직접투자를 했든, 펀드 가입을 통한 간접투자를 했든 주식투자를 하고 있는 사람들을 참 불안하게 만든다. 그러나 나는 그러한 투자자들에게(특히 펀드 가입자들에게) "Never Mind!"(신경 쓰지 마세요!)라고 감히 말하고 싶다. 다음 몇 가지 조건들이 전제된다면 말이다.

우선, 투자하고 있는 자금의 성격을 따지고 싶다. 주식 관련 투자자금은 각자에게 가장 여유 있는 장기자금으로 해야 한다는 말이다. 최소한 3~4년은 묻어 놔도 각자의 현금 흐름에 문제가 되지 않을 그런 자금을 말한다.

일단 이러한 자금이 확보된다면 다음으론 펀드를 골라야 할 것이다. 물론 펀드를 고르는 것이 쉬운 일은 아니다. 그러나 나는 장기투자를 전제로 다음 두 가지 관점에 천착할 것을 권하고 싶다.

첫째로, 펀드의 운용 수익률만을 보지 말라는 점이다. 대부분의 펀드 가입자들의 경우 펀드의 수익률에만 관심을 기울이는 경향이 매우 높다. 그러나 운용 수익률이 높다는 사실은 그만큼 높은 위험을 취했다는 말과 다름없음을 반드시 알아야 한다. 따라서 수익률만큼 중요하나, 간과하기 쉬운 위험관리 지표들을 주목해야 한다.

즉, 다음 세 가지 지표들이다. 표준편차Standard Deviation, 베타, 샤프Sharpe 등이 그것들이다. 표준편차란 수익률의 변동성Volatility 을 나타내는 대표적인 절대위험지표다. 예컨대 펀드의 평균수익률이 5%, 표준편차가 20%로 측정되었다면 그 펀드의 수익률은 -15%에서 25%까지 변동할 수 있음을 의미한다.

베타란 특정 기준 수익률과 펀드 수익률의 상대적인 관계를 알려주는 위험지표다. 만일 특정 펀드의 베타가 0.5라면 코스피가 10% 하락했을 때 당해 펀드의 하락률은 5%라는 말이 된다.

다음으로 샤프Sharpe지표는 펀드가 부담하는 위험 1단위에 대한 초과수익의 정도를 나타내는 비율로, 어느 펀드의 샤프지표가 다른 펀드에 비해 높다면 펀드가 부담한 위험 1단위에 대해 더 높은 초과수익을 얻었다는 것을 의미한다.


둘째로, 사회책임투자를 표방하는 펀드에 가입할 것을 권한다. 사회책임투자 컨설팅 기업인 서스틴베스트에서는 당사의 평가모델ESGI로 국내 상장 회사 250개 회사를 분석한 결과 ESG 측면에서 우수한 기업군(A등급)과 그렇지 못한 기업군(E등급)을 분류한 후, JP 모건의 리스크매트릭스RiskMetrics를 통해 분석해 본 결과 '우수기업군'보다 '불량한 기업군'의 변동성Volatility이 2배 이상 높다는 사실을 발견했다.

또한 2006년 1월 2일부터 2009년 7월까지 약 3년 6개월간의 주가를 백테스팅Back Testing해 본 결과 역시 우수 기업들이 그렇지 못한 기업들의 주가를 크게 앞서고Outperform 있음을 실증적으로 밝힐 수 있었다. 즉 상위 그룹(A등급)의 누적 수익률이 하위그룹(E등급)의 그것보다 57% 높았으며, 벤치마크인 코스피200지수KOSPI200보다는 42%나 넘어서는 것으로 확인되었다.

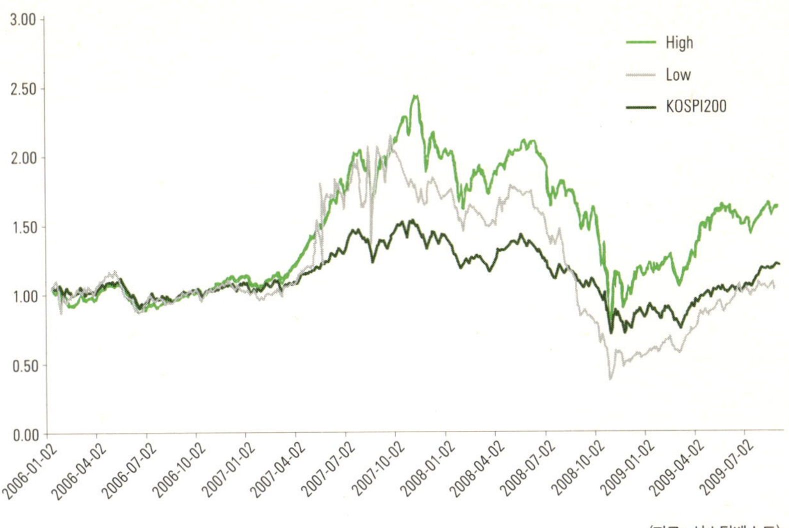


(자료: 서스틴베스트)

이 결과는 시사하는 바가 매우 크다고 생각한다. 즉, 'ESG 우수 기업들'이 '불량한 기업들'보다 변동성이 낮으면서도 주가 수익률에서도 앞선다는 사실을 말하고 있기 때문이다.

다시 템플턴의 말을 음미해 보자. 주식투자에서 낙관론자들이 이긴다면 우리들도 시장의 변동성에 일희일비하기보다는 침착하게 각자의 생업에 전념하자. 다만 장기투자를 할 것, 펀드의 위험지표를 살필 것, 그리고 해당 펀드의 포트폴리오에 사회책임적 관점에서 얼마나 우수한 기업들이 편입되어 있는가 하는 사실을 확인할 것 등의 원칙만 고수했다면 숙면의 밤을 보내도 좋다.



새로운 투자분석들이
등장하다

## 투자자여! 인권도 분석하라

투자를 이야기할 때 기업의 인권 이슈 등을 들먹이면 생뚱맞은 얘기가 된다. 그도 그럴 것이 인권이라는 개념과 기업경영이나 투자는 양립하기 어려운 개념으로 인식하기 때문이다. 즉, 인간의 권리라는 다소 추상적이고 이념적인 가치와, 이익극대화를 지고의 가치로 내세우며 생존경쟁을 벌이는 기업경영이나 투자와는 뭔가 교집합을 찾기 힘든 개념으로 보는 것이다. 더군다나 종업원의 성, 교육수준, 얼굴색깔, 장애유무에 상관없이 모두를 평등하게 대우해야 한다는 인권의 제1원칙은 기업 입장에서 보면 또 하나의 규제이며 비용 유발 요인이라는 생각이 들게끔 한다. 또한 세계화의 과정에서 제3세계에 생산 공장이 있는 기업들에게 인권 준수를 엄격하게 요구하게 되면, 제3세계 생산 이전 효과를 반감시키는 요인으로 작용하게 된다. 아동노동이나 초과노동 등을 금지하며, 비민주적 억압 정권 국가에서의 생산 및 자원개발 활동 등을 제한하는 국제 인권기구들의 주장을 따른다면 후진국 생산 활동의 메리트를 현저히 감소시킬 것이 뻔하기 때문이다.

따라서 장기적이며 불확실한 위험을 고려하기보다는 당장의 이익수준을 본능적으로 투자에 반영하고 고려하는 투자자들에게 인권경영이라는 이슈는 그리 중요한 투자 판단의 변수로 다가오지 않는다. 어쩌면 매우 막연하고 모호한 도덕률 정도로 인식되거나, 무엇보다 매우 주관적이어서 객관적 비교를 중시하는 투자의 세계와는 어울리지 않는 것으로 받아들여진다. 예컨대 제3세계 아동노동을 바라보는 시각도 투자자의 관점에 따라 다양한 해석이 가능하다. 무조건 아동고용을 금할 것이 아니라, 후진국들의 경제, 교육 환경 등을 고려할 때 어차피 학교 등의 교육시설이 아닌 집이나 거리에 방치될 수밖에 없는 아동들을 고용하여 적절한 노동 시간에 적절한 급여를 지급하고 그들에게 알맞은 교육 훈련 프로그램들을 제공한다면 그것은 고용된 아동에게도, 고용한 기업에게도 이익이 될 수 있으며 오히려 그것은 친인권적일 수 있다는 해석도 가능하다. 또한 독재정권 국가에서의 기업 활동 등을 엄격히 금하는 국제적 인권원칙도 햇볕정책이라는 큰 틀에서 바라보면 상반된 주장이 성립할 수도 있다. 그러나 무엇보다 투자자들과 인권 사이에 거리감을 갖게 하는 것은 친인권 경영을 실행할 경우 발생할 추가적 비용 부담과 그로 인한 수익성의 제한, 그리고 주가상승에 미칠 악영향에 대한 염려다. 이 문제를 설명하기 위해 하나의 사례를 들어 보고자 한다.

탈리스만 에너지Talisman Energy는 유럽 및 아시아 그리고 미국 등지에 자회사를 둔 캐나다 최대의 정유회사다. 이 회사는 1990년대 말 다르푸르Darfur 지역 대학살로 악명 높은 독재국가 수단에서 수단 정부 등과 함께 대규모 유전 개발을 위한 회사, GNPOCGreater Nile Petroleum Operating Company를 설립했다. 이미 널리 알려졌듯이 수단은 오랫동안 이슬람교도 중심의 아랍권과 기독교도 위주의 아프리카 흑인 종족의 내전으로 고통받아 온 나라다. 내전 발발의 배경은 주로 아랍권 주도의 북수단 정부가 아프리카 흑인들의 터전인 남수단 지역에 있는 풍부한 자원을 그들의 이익에 따라 통제하고 사용했기 때문이다. 이러한 상황에서 탈리스만은 석유를 생산해서 수출하려는 수단의 독재자 오마르 알 바시르Omar Al Bashir 대통령을 지지하고 그 정부와 행보를 같이한 것이다. 당시 수단은 미국으로부터 이미 경제제재를 당하고 있었으며, 국제사회나 국제 인권단체들의 거센 비난에 직면했던 상황을 고려할 때, 탈리스만의 GNPOC 참여는 국제적으로 뜨거운 이슈로 등장했다.

이 문제를 심각하게 받아들인 측은 바로 탈리스만의 주주들 중 사회



새로운 투자분석들이
등장하다

책임투자를 실행하는 투자자들이었다. 이러한 SRI 투자자들이 독재국가에서의 기업 활동을 극구 반대하는 이유는 인권침해를 자행하고 있다는 규범적 관점에서뿐만 아니라 독재국가에 내재하는 불투명성 및 불확실성으로 인한 사업의 안전성 문제, 그로 인한 투자자금 회수의 불확실성 등을 깊이 고려하기 때문이다. 따라서 SRI 투자자들이 중심이 되어 탈리스만에 대한 경영관여가 실행된다. 1999년 초 기관투자자들이 연합체를 구성하여 GNPOC 지분 매각과 수단으로부터의 사업철수 등을 요구하는 편지를 회사 측에 보냈다. 이후 주주총회에서 주주 제안을 제출했으나 회사는 그 안건을 의제로 채택하지 않았다. 다만 회사는 캐나다의 윤리헌장ICECB, International Code of Ethics for Canadian Business에 서명함으로써 기업 이미지를 개선하려는 제스처를 취했다.

이듬해인 2000년, 투자자들의 공세 수위가 한층 높아졌다. 이들은 또 다른 주주 제안을 제출했는데 그 제안에는 첫째로, ICECB를 잘 이행하고 있다는 보고서를 작성하여 독립검증기관으로부터 제3자 검증을 받을 것, 둘째로, 수단 정부와 수단 정부에 지급되는 배당금(연평균 약 3억 달러 수준)이 군수물자 구입 자금으로 사용되지 않을 것을 약속하는 합의서를 체결할 것 등을 담은 또 다른 주주 제안을 주총에 상정했다. 이 주주 제안은 표결에 부쳐졌으나 27%의 찬성을 얻는 데 그쳐 부결되고 말았다.

그러나 이를 계기로 회사는 사회책임경영을 본격적으로 실행하게 된다. 그해 탈리스만은 최초로 사회책임보고서를 발행했으며, 수단의 모든 작업장에서 근로자들의 인권을 보호하겠다는 정책을 발표한다. 이후 2001년 여름 뉴욕증권거래소NYSE는 탈리스만에게 상장 폐지 압력을 가했으며, 기관투자자 연합은 경영관여의 수위를 더욱 높여 나갔다. 또한 국제앰네스티Amnesty International가 개입하기 시작했다.

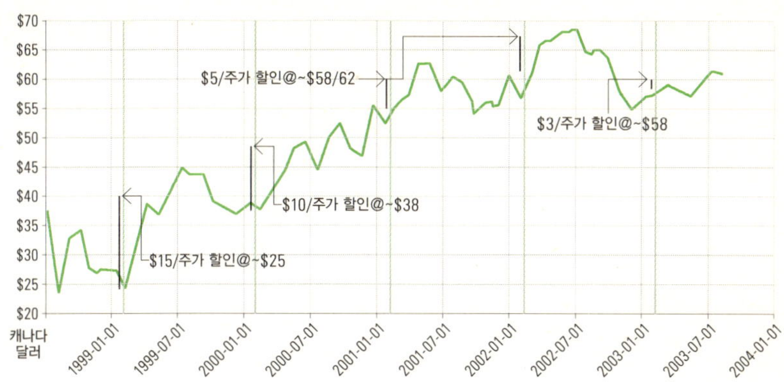



(자료: 마이클 리아, "지속가능보고서에 대한 이사회의 역할", 지알아이 컨퍼런스, 2006)

2002년 12월, 탈리스만은 마침내 회사가 보유하고 있는 GNPOC 지분 전량을 인도의 ONGC Oil and Natural Gas Corporation에게 매각함으로써 수단문제를 종결짓게 된다.

위 그래프는 앞서 설명했던 미국 및 캐나다의 여러 SRI 투자자들의 관여전략이 실시되기 전과 그 전략이 실시된 이후의 기간 동안 탈리스만의 주가 변화를 나타낸다. 즉, 1999년 1월의 경우 당시 북미 지역 오일/가스 산업의 애널리스트들이 제시한 탈리스만의 주당 평균 평가 가격이 40달러인데 비해 실제 거래는 약 38% 할인된 가격인 25달러에 거래되고 있었다. 그러나 이후 약 4년 동안 여러 SRI 투자자들의 관여전략이 실시되고 회사가 점진적으로 그들의 주장을 수용하면서 주가 할인율이 줄어들고 있음을 알 수 있다. 1999년 1월에는 약 37%, 2000년에는 약 21%, 2001년과 2002년에는 약 8%로 줄었고, 마침내 2002년 12월 탈리스만이 GNPOC의 지분을 인도의 ONGC에게 매각한 이후 회사의 주가는 애널리스트들의 목표



새로운 투자분석들이
등장하다

가격에 거의 근접하게 된다.

이 사례는 기업의 인권 측면으로부터의 위험요소가 주가를 디스카운트시킴으로써 결국 주주이익에 부정적인 영향을 끼칠 수 있다는 사실을 일깨워 주며, 인권 리스크가 단계적으로 줄면서 주가 할인율도 축소되고 있음을 설명한다. 다른 한편으로는 SRI 투자자들의 적극적인 관여전략이 그러한 불확실성을 제거하고 주가를 적정 가치로 수렴시키는 데 효과적인 전략 중 하나라는 사실을 입증한다.


이렇게 보면 탈리스만과 관련된 수단 인권 이슈에 관심을 갖고 선제적으로 경영관여전략을 실행한 SRI 투자자들은 현명했다. 만일 그들이 수단 이슈에 수수방관했다면 탈리스만의 주가는 시장으로부터 지속적으로 디스카운트 당했을 것이고, 따라서 탈리스만의 투자자들은 불필요한 손실을 계속 감수해야 했을 것이다.

이 사례로 볼 때 투자와 인권이 동거하기 힘든 개념으로 생각하는 것은 구시대적이다. 세상이 바뀌고 경영 패러다임이 바뀌는 가운데 인권은 더 이상 상아탑이나 시민운동가의 전유물이 아니다. 어쩌면 그것은 투자업계로 한 걸음씩 들어오고 있다. 이런 현상을 깨닫고 인권의 언어를 투자의 언어로 재빨리 해석해서 적용하는 투자자들은 새로운 분석 툴Tool을 갖게 되는 것이다.

# 비피<sub>BP</sub> 사태,<br>투자자들에게 주는 교훈

## '엔론'과 '코리아 디스카운트'

유가증권 투자는 증권발행기업의 위험과 기회변수들을 평가해서 자금을 투입하는 행위이다. 따라서 기업의 재무적 성과(시장가치)에 영향을 미치는 새로운 변수들이 등장한다면 그 변수는 분석 대상이 되어야 하고, 동시에 투자의사결정에 반영되어야 한다.

2001년에 있었던 엔론의 회계부정사건은 투자자들에게 새로운 지표를 추가시켰다. 외견상 멀쩡하게 보이던 초대형 기업이 하루아침에 몰락하는 장면을 목도하면서, 그들은 전통적인 투자 방법론에 대한 반성과 새로운 잣대의 모색에 나섰다. 그 새로운 잣대란 바로 기업의 감사기능, 이사회의 감독기능, 이사회의 독립성과 전문성 수준, 기업의 투명성과 주주권리 보호 장치, 임원의 보상 문제 등을 분석하는 것이었다. 곧 기업의 지배구조 분석이었다.

이와 관련하여 2002년 맥킨지는 총 9조 달러를 보유한 전 세계 201개 기관투자가들이 지배구조 이슈를 어느 정도 수준으로 투자분석에 반영하고 있는가를 물었다<sub>Global Investor Opinion Survey: Key Findings, July 2002</sub>. 이들 응답자의 약 80%는 좋은 지배구조를 갖고 있는 기업에 대해 지역이나 나라마다 차이는 있지만, 최소 12%에서 최대 30% 이상의 프리미엄을 지불할 의향이 있다고 답했다. 투자자들이 투자 대상 기업의 지배구조를 그들의 분석에 실제로 반영하기 시작한 것이다.

이러한 투자자들의 변화는 우리나라에 '양날의 칼'이 되기도 했다. 즉 그 칼의 한 면은 IMF 외환위기 이후 우리 내부의 불투명한 지배구조 환부를 도려내는 메스 역할을 하기도 했지만, 그 칼의 다른 면은 우리 기업들의 가치를 마구 잘라내 버렸다. 이른바 코리아 디스카운트의 칼로 사용된 것이다. 즉, 한국 기업들의 회계장부와 이사회 독립성은 신뢰할 수 없기 때문에 액면 그대로를 믿을 수 없고 따라서 재무적 가치평가 시에 일정 비율의 할인<sub>Discount</sub>이 요구된다는 것이다.


## 비피<sub>BP</sub>, 멕시코만의 재앙


널리 알려졌듯이 초대형 정유회사인 비피가 엄청난 위험에 직면했다. 일각에서는 파산설까지 나돌았다. 2010년 4월 20일 비피의 멕시코만 해저석유 시추시설에서 원유 유출사고로 11명이 사망했다. 그 후 비피의 시장 가치는 1,000억 달러 가량이 증발했다. 만일 사고가 비피의 부주의로 발생된 것으로 판명된다면 비피는 배럴당 1,100~4,300 달러의 벌금을 물어야 할 판이다. 유출된 원유량을 총 400만 배럴로 추정한다면 벌금은 170억 달러에 육박할 것으로 예상되고 있다.(이정우, "멕시코만의 대재앙", 〈한겨레〉, 2010. 6. 28) 시장은 이미 그러한 악재를 선반영하고 있다.

멕시코만 사건 발생 다음 날인 4월 21일부터 6월 30일까지의 주가궤적을 살펴보면 다우존스지수는 12.1%, 비피의 경쟁사인 쉐브론과 엑손모빌이 17.2% 하락한 반면, 비피는 57.07%가 폭락했다. 다시 말하면 비피는 시장 대비 약 44.9%, 경쟁사 대비 39.8%나 추가 하락한 셈이다.

따라서 비피의 주주들은 이번 환경사고로 시장하락이나 동종업체에 비해 추가적인 주가하락 피해를 입은 것이다. 수사적 표현을 빌리자면, 이번 사고만으로 약 760억 달러의 시장가치가 멕시코만의 바다 속 깊이 수장된 셈이다.

## 투자자들에게 주는 교훈은 무엇인가

나는 비피 사태를 지켜보면서 SRI 투자자들이 주로 활용하는 '동 업종 최고전략Best-in-Class'에 무언가 보완책이 마련돼야 하지 않나 생각한다. 전통적인 SRI에서 주류 투자자들이 책임투자RI로 이행하면서 가장 큰 고민거리 중 하나는 과연 전통적인 SRI에서 주로 구사하는 '네거티브 스크리닝' 접근법을 활용하여 시장의 벤치마크를 이길 수 있느냐는 점이다. 부연하면 이른바 문제 산업으로 지목된 것들(담배, 도박, 알코올, 포르노, 채취 산업 등)을 투자 대상에서 배제하고 나머지 종목들로 포트폴리오를 구성했을 때 과연 시장의 최적 수익률을 추구할 수 있느냐의 문제인 것이다. 이것은 역시 기관투자가들이 금과옥조처럼 붙드는 수탁자 책무 이행의 문제이기도 하다.

따라서 RI 주류 투자자들을 겨냥하면서 등장한 접근법이 바로 동 업종 최고전략이다. 간단히 말하면 이 전략은 특정 산업을 투자에서 배제하지



새로운 투자분석들이
등장하다

않고, 동종 산업에서 ESG 성과가 우수한 기업들을 상대평가하여 선택하고 투자에 반영하는 전략이다. 이 전략은 벤치마크를 추종Tracking하면서 상대적으로 초과수익을 창출하는 데 매우 유용한 투자 방법으로 각광받으면서 최근 RI의 주류 방법론으로 자리매김했다.

그러나 여기서 간과한 것이 있다. 바로 문제 산업에 본질적으로 내재한 위험수준에 대한 고려다. 더구나 그러한 산업에 속한 기업들이 외부에 전가해 왔던 각종 비용External Cost에 대한 사회의 요구, 감시 및 규제 강도가 한층 높아진 상황 등을 고려한다면 투자가들이 업종 내 최고전략을 과신한 나머지, 문제 산업들에게 더욱 커지는 본질적 위험을 과소평가한 것이라는 생각이 든다. 이런 유사한 위험은 다른 문제 산업들에서도 발견된다. 예컨대 폐암과 관련된 담배 산업의 각종 집단소송 등은 동 산업에 항시 내재된 잠재적 위험이고, 원자력 발전의 경우 한 번의 사고는 대재앙으로 직결될 잠재적 위험을 안고 있다.

따라서 나는 기관투자자들에게 다음을 제안한다. 문제 산업들에 투자하고자 할 경우 동종 산업에 잠복한 비재무적 위험들에 대한 추가 분석이 필요하다는 점이다. 예컨대 각종 소송 여부, 소비자 불매운동 여부, 제품 위험에 대한 과학적 연구 진행 여부, 법적 규제 필요성 여부, 이해관계자 관련 위험, 작업장 안전과 건강 문제, 환경오염 이슈 등에 대한 심층 분석이 그것이다.

무엇보다 장기펀드들의 경우에는 이러한 재무 외적 변수들에 대한 천착이 요구된다. 그러한 위험성들이 판명된 경우에는 문제 산업에 속한 기업들의 재무적 가치 평가 시 일정 비율을 디스카운트하거나, 전체 포트폴리오에서 동 산업 편입 비중을 축소해야 한다. 국내 기관투자자들도 이번 비피 사태를 강 건너 불구경하듯 바라봐서는 안 된다. 위험은 늘 예고 없이 다가오니 미리 외양간을 고치는 대응이 필요하다.

# SRI지수 평가와
# 이해상충을 생각하며

## 과외 선생님의 시험 평가

어느 학교에서 많은 학부모들이 내신 평가의 공정성을 놓고 격렬한 항의 시위를 했다. 시위의 배경은 이러하다. 학생들을 과외 지도하는 그 학교 A교사의 행각 때문이다. A교사는 자신이 과외를 지도하는 학생들을 많이 모으기 위해 과외 지도에서 가르친 내용 위주로 시험 문제를 냈다. A교사의 과외 제자들이 높은 점수를 받는 것은 당연했다. 이 사실이 입에서 입으로 전해지면서 경제적 여유가 있는 부모들은 A교사에게 과외를 받으려고 줄을 섰다. 이런저런 이유로 A교사에게 과외를 받지 못한 학부모들은 성적표를 받아들 때마다 불만이 쌓여 갔다. 자식 일이라면 목숨을 거는 학부모들이 불만을 품고 있을 리 만무했다. 드디어 움직인 것이다. 학교의 내신 평가 자체를 절대 인정할 수 없으니, A교사를 출제 및 채점에서 배제하고 재시험을 치러야 한다고 말이다. 그렇지 않으면 교육청 제소는 물론, 동원 가능한 모든 법적 조치를 취하겠다고 으름장을 놓았다. 하는 수 없이 학교장이 그들의 요구를 수용하여 재시험을 준비하는 순간, 예상치 못한 일이 또 벌어졌다. 현재의 내신 평가에서 유리한 결과를 얻은 학부모들이 단체행동을 준비한 것이다. 그 학교의 내신 평가는 대혼란에 빠졌다.

## 다시 엔론Enron을 기억하며

2001년 말 엔론의 파산은 한 편의 드라마와 같다. 불과 15년 만에 미국 7대 기업에 등극한 것에서부터 하루아침에 무너진 것까지 말이다. 에너지 트레이딩 사업을 주로 했던 그들은 실물지수와 선물에 투자하여 장기 에너지 공급 계약에 따른 리스크를 헷지하고 이익을 창출해 갔다. 그러나 트레이딩엔 늘 손해가 따르기 마련이다. 그럴 때마다 그들은 숫자를 주무르며 분기별 회계장부에 이익을 가공했다. 엔론은 금융기관에서 빌린 자금을 장부 외 거래로 처리했고, 손실을 감추기 위해 회계장부를 조작했으며, 유령회사를 만들어 부실을 떠넘겼다. 이런 그들의 행각에는 종범이 있었다. 바로 세계 최대의 회계법인인 아더 앤더슨Arthur Anderson이다. 엄정하게 회계장부를 짚어야 할 회계법인 아더 앤더슨과 피감자인 엔론은 부적절한 동거를 해 왔다. 엔론에 대한 컨설팅을 통해 거액을 챙긴 아더 앤더슨은 이미 제3자로서의 중립성을 상실한 것이다. 과외 선생인 컨설팅 업체가 채점자라 할 수 있는 회계 감사역을 맡는 순간 '그렇고 그런 사이'가 되어 버렸고, 따라서 엔론은 자유롭게 회계장부 분식과 가공을 일삼았다. 이러한 사실이 백일하에 드러나면서 엔론은 파산했고, 아더 앤더슨도 간판을 내렸다. 회계 기록을 믿고 투자한 투자자, 돈을 빌려 준 은행들은 동반 추락했



새로운 투자분석들이
등장하다

다. 모두에게 재앙이었다.


### 신용평가사의 이해상충을 떠올리며



리먼브라더스 파산 이후 일이다. 2008년 10월 무디스Moody's의 전 신용 정책 담당 대표였던 제롬 폰스Jerome Fons는 미 하원의 관련 조사위원회에서 다음과 같이 말한 바 있다.

"주택저당증권Mortgage-Backed Securities을 평가하는 신용평가회사들의 이해상충 문제가 재앙적인 결과를 가져왔다. 즉 평가 의뢰사로부터 수수료를 받는 순간 이미 평가의 공정성은 상실됐다."

또한 10년 동안 스탠다드 앤 푸어즈Standard & Poor's사의 모기지 평가 책임자였던 프랭크 라이터Frank Raiter는 "결국 돈이 지배했다Profits were running the show."는 말로, 투자은행과 신용평가사의 밀월관계로 촉발된 금융위기 사건의 전모를 간단하게 정리했다.

미 의회 조사위원회 의장이었던 헨리 왁스만Henry Waxman 의원은 이렇게 말한다.

"신용평가사들의 역사는 거대한 실패의 역사였다. 그들은 금융시장에서 매우 특별한 지위에 있다. 수많은 투자자들이 신평사의 독립적·객관적 평가에 의존하고 있기 때문이다. 그러나 그들은 신뢰를 저버렸다. 정부 또한 시장 참여자들을 보호하기 위한 아무런 조치도 경고 사인도 보내지 않았다. 이것이 바로 재앙적 금융위기를 촉발한 근본원인이다."

## 우리나라 사회책임투자 업계를 생각하며

사실 나는 우리 업계의 문제를 말하기가 조심스럽다. 내 얼굴에 침을 뱉는 것 같고, 집안 이야기를 외부에 발설하고 다니는 인상을 주기 때문이다. 그러나 국내에서 이제 막 상류를 출발한 '사회책임투자', '지속가능경영', '사회책임경영' 호號가 하류를 지나 대양까지 순항하기를 누구보다 염원하는 입장에서 할 이야기는 해야 한다는 생각으로 이 글을 쓴다.

나는 사회책임투자 지수 평가를 하는 네 개의 국제적 평가사들 SAM, KLD, EiRIS, Jantzi에게 이메일을 띄운 적이 있다. SRI지수 구성 종목을 평가하는 평가사로서 평가 대상 기업체들에게 지속가능경영에 대해 컨설팅 서비스를 제공하고 있는지 묻기 위함이었다. 그들의 대답은 예상대로 모두 'No'였다. 이해상충 문제를 피하기 위해서라고 했다.

SRI, CSR의 핵심 원칙 중 하나는 바로 이해상충을 피하는 것이다. 어찌 보면 SRI의 주요 축인 기업지배구조의 핵심은 바로 '이해상충' 그것이다. 즉 SRI 평가사들은 남들의 이해상충 수준을 주요 평가항목으로 삼는다. 그러나 똥 묻은 개가 재 묻은 개를 탓하는 격일까. 아니면 남의 눈 속의 티끌은 보면서 자기 눈 속의 들보는 보지 못하는 격일까. 그들은 그들 스스로의 이해상충 문제에 대해서는 너그럽고 관대할 뿐이다.


2009년부터 생산성본부는 DJSI KOREA지수를 발표했다. 다우Dow 및 샘SAM, Sustainable Asset Management사와 제휴를 통해 이른바 지속가능경영을 잘하는 기업들을 중심으로 인덱스를 구성해서 이를 발표한 것이다. 그 자체로 잘한 일이고 박수칠 일이다. 섹터별 지속가능경영 우수기업들에 대해 영화상 시상하듯 상패를 수여하고, 일간지에 광고를 내주는 것까지는 괜찮다.



새로운 투자분석들이
등장하다

문제는 그 다음부터다. 다양한 광고와 홍보를 통해 주요 개별기업들을 접촉하며 컨설팅 서비스를 제안하고 수주하는 것이 문제다. DJSI KOREA지수라는 애드벌룬을 띄워 놓고 시상식을 거창하게 연 다음, 관심 있는 기업들에게 다가가 어찌하면 그 지수에 편입될 수 있는지에 대해 과외 교습(컨설팅)을 받으라고 영업을 하고 다니는 것이 문제라는 말이다.

그렇게 되면 DJSI KOREA지수의 공정성은 의심받게 되어 있다. 아무리 그들이 SAM사의 평가 운운하며 공정성을 강조해도 세상은 그들의 공정성을 믿으려 들지 않는다. 세상이 그렇게 관대하지도 어리석지도 않은 까닭이다. 또한 DJSI KOREA지수의 공정성 시비가 확대되면 자칫 어렵게 상류를 출발한 우리 사회책임투자 호의 덜미를 잡을 수 있다. 즉 평가의 객관성이 의심받으면 업계 전체의 신뢰를 뿌리째 흔들 수 있기 때문이다.

나는 건설업계, 유통업계 등에서 이러한 불공정 이슈가 발생한다면, 조금은 양보하여 못 본 척 눈감아 줄 용의도 있다. 그러나 우리 업계는 투명성, 공정성, 중립성 그리고 무엇보다 윤리성을 금과옥조로 삼아야 하는 곳이다. 이러한 곳에서 버젓이 핵심 원칙에 배치되는 일들에 대해 눈감을 의사는 조금도 없다. 정부 출연기관인 생산성본부가 앞의 과외 교사처럼 되어 사회책임투자 업계 전체의 시스템을 무너뜨리는 우를 범하지 않기만을 간절히 바랄 뿐이다.

5

# 의결권은
# 자산이다

**주주들은 행동한다** ESG 이슈에 대한 주주행동주의 / 주식시장의 참여민주주의 / 고래 사냥과 판다 보호 캠페인 / '꽃'의 투자론 / 캘퍼스 효과를 아십니까? / 헤르메스의 주인 투자론 – "우리는 주주가 아니라 기업의 주인이다!"

# 주주들은
# 행동한다

ESG 이슈에 대한 주주행동주의


　IMF 외환위기 이후 지난 10년을 돌아볼 때 국내 기관투자자들의 투자 패턴이 변하고 있음을 알 수 있다. 그중에서도 연금투자자든 자산운용사들이든 그들이 수동적인 투자자가 아니라 기업지배구조의 핵심 축이라는 사실을 인식한 점이 가장 큰 변화의 하나라고 생각된다. 투자자는 단순히 주식을 투자 대상으로 하는 머니게임의 참여자가 아니라 기업의 주체, 곧 주인임을 자각한 것이다. 따라서 이제 더 이상 기관투자자들은 투자한 기업의 경영에 수수방관하는 수동적 투자자에 머물기를 거부한다. 그들이 나서고 움직이고 있는 것이다.

　해외 사례들을 살펴보면 이러한 변화의 이유를 알 수 있다. 첫째로, 적극적 경영참여 투자자들을 보유한 기업들의 경영 실적이 그렇지 않은 기업들보다 우수하다는 실증적 연구 결과들이 발표되고 있는 것을 꼽을 수 있다. 이러한 기업들의 기업지배구조가 그렇지 않은 기업보다 투명하고 우수하므로 당연히 주주 가치 창출에 유리한 입장이라는 말일 것이다. 영국의 대표적 기업지배구조 펀드인 헤르메스는 그들의 보고서Melvin & Hirt, 2005에서 다음과 같이 말한다.

> 적극적인 오너십과 기업 실적은 분명한 상관관계가 있다. 즉, 다른 모든 조건들이 동일할 경우, 적극적이고 참여적인 주주들이 있는 기업들이 수동적인 투자자들뿐인 기업들의 실적을 넘어서는 경향이 있다.

둘째로, 법적·제도적 변화를 들 수 있다. 미국의 경우를 보면 연방법원의 안내 지침에 ESG를 고려하여 투자하는 것이 '신중한 투자자의 원칙Prudent Investors Rule'과 부합한다는 내용을 담고 있다. 박스에 소개한 안내 지침을 보면 수탁자가 ESG 이슈에 대해 주주행동주의를 실행하는 것을 완곡하게 제안하고 있음을 확인할 수 있다.

영국의 경우에는 2001년 금융성 장관인 폴 마이너스Paul Myners가 기관투자자들의 운용 지침을 담은 '마이너스 보고서'에서 기관투자자들이 투자한 기업의 성과가 기대에 미치지 못하거나 이사들이 회사의 가치를 충분히 실현하고 있지 못한 것으로 판단한다면 주주행동주의의 원칙에 입각하여 해당 기업에 대하여 관여전략을 펼칠 것을 담고 있다. 그리고 2004년 영국 재무성HM Treasury은 마이너스 원칙의 실행 내용을 추가로 발표했다. 그 발표문에는 주주행동주의에 관한 연구가 다른 분야들에 비해 취약하다고 결론 내리고 있다. 그리고 정부가 기관투자자들로 하여금 주주행동주의를 실행할 것을 입법화하지 않았지만, 그럼에도 기관투자자들이 기업의 주인

으로서의 책임을 미리 다하지 못한다면, 그 어떤 새로운 입법 조치가 나올
수도 있다고 귀띔한다.

그렇다면 주주행동주의의 개념은 구체적으로 무엇인가? 주주행동주의란 기업의 주인인 주주가 바람직한 방향으로 변화를 촉진코자 할 때 주주권이라는 고유한 권리를 활용하는 것을 뜻한다. 일반적으로 주주행동주의의 출발점을 논의할 때 주주권에 부수되는 의결권의 행사에만 초점을 맞추는데, 이는 주주행동주의의 의미를 소극적이고 협소하게 파악한 것이다. 앞서의 '마이너스 보고서'에서 주주행동주의는 단순히 의결권을 행사하는 데 그치지 않고, 장기적 주주 가치의 관점에서 실적이 떨어지거나 투자리턴을 제고시킬 필요나 상황이 발생했을 경우 이사회나 경영진과 우호적이며 긴밀한 대화를 나누는 것까지를 담고 있다.

전통적으로 주주행동주의가 관심을 둔 영역은 기업지배구조의 측면이었다. 따라서 이사회의 독립성 여부, 사외이사로 구성된 감사위원회, 보상위원회 등의 존재 여부, 이사회 의장과 CEO의 분리 여부, 임원보수액이 회사의 성과와 연동되는지 등이 주요 관심사였다. 그러나 영국이나 미국을 보면 최근 들어 관심 사항이 '환경'과 '사회'의 영역으로까지 확대되고 있는 것을 알 수 있다. 독재국가와의 교역이나 기업 활동, 공급망 관리상에서의 노동 조건, 전반적인 인권경영 실태, 환경경영의 위험 측면 등이 모두 주주행동주의의 관심영역에 포함되는 추세다. 최근 들어서는 유엔 책임투자 원칙의 정보 교환 역할Clearinghouse 등이 활성화되면서 이곳을 매개로 세계 각국의 기관투자자들이 기업들의 ESG와 관련된 이슈들에 대해 폭넓게 의견을 교환하면서 주주개입이 필요할 경우 함께 연대하여 공동보조를 취하고 있다.

그렇다면 구체적으로 기관투자자들이 사용하는 주주행동주의의 접근법들은 어떠한 것들이 있는지 아래에서 살펴보자.

- 준비된 의제로 기업들과 미팅을 갖는다.

- 기관투자자들은 기업의 주인으로서 정기주총 출석, 주주 제안, 의결권의 행사, 그리고 임시주총 소집 등의 공식적 권리를 행사할 수 있다.

- 투자자들은 유엔 책임투자 원칙, 탄소정보공개프로젝트, 사회책임투자포럼 등과 같은 공식 연합체를 통해서뿐만 아니라 비공식적인 투자자들의 모임들을 통해 CSR 이슈들에 대해 연대할 수 있다.

- 투자자들은 다른 ESG 이슈들에 대한 기업 실적을 비교하기 위해 벤치마크 기법을 사용할 수 있다. 최근의 예는 채취 산업에서 생물다양성 관리를 연구하거나 주택건설업자들의 지속가능성을 평가하는 등의 사례가 있다.

- 투자자들은 언론을 통해 특정 이슈들에 대한 그들의 입장을 밝힐 수 있다.

- 투자자들은 주가와 기업의 자본비용에 대해 직접적인 영향을 끼친다.


국내 기관투자자들에게 주주행동주의는 양날의 칼로 이해되고 있는 듯하다. 우선 주주행동주의의 당위성에는 다음과 같은 이유들이 있다.

첫째, 보통주와 우선주의 가격 괴리에서 알 수 있듯이 의결권으로 대표되는 주주권은 시장에서 추가비용을 지불하고 매입해야 하는 자산이기 때문에 그것을 활용하지 않는 것은 경제의 기본원칙에 어긋나는 것이다.

둘째, 시장 감독기능의 한계성을 들 수 있다. 아무리 감독기능이 효율적으로 작동한다 하더라도 문제 발생 시점과의 일정한 시차가 있을 수밖에 없다. 경우에 따라서는 감독기능이 전혀 작동하지 않을 수도 있다. 따라서 주주행동주의는 감독기능에 앞서 선제적으로 문제를 적시하고 개선할 수 있는 수단으로 활용될 수 있다.



의결권은
자산이다

셋째, 기관투자자들의 경우 대부분 보유 지분이 상대적으로 높기 때문에 투자한 기업에 문제가 발생했다 하더라도 주식 거래량 등의 문제로 쉽게 매각할 수 없는 상황에 종종 직면한다. 이럴 경우에는 주주권을 활용하여 문제 해결을 도모하는 것이 매각비용Exit Cost을 부담하는 것보다 유리할 수 있다.

이러한 주주행동주의 필요성의 이면에는 그것을 제약하는 요인들이 있다. 우선, '비용 대비 편익'의 문제가 그것이다. 주주행동주의를 실행하기 위해서는 부가적인 분석과 노력이 필요하다. 이로 인해 인적·물적 자원을 추가 배분해야 하는 일이 발생할 수 있다. 더구나 ESG 이슈까지 포함될 경우에는 보다 심층적인 전문성이 필요하여 경우에 따라서는 외부 전문기관의 컨설팅 서비스까지 받아야 할 수도 있다. 이 경우 추가비용 부담 대비 기대수익에 대한 손익이 분명치 않으면 선뜻 실행에 옮기기 어렵게 될 수 있다.

그리고 이해상충의 문제가 있다. 국내 자산운용사들이나 증권회사의 경우 대부분이 특정 재벌기업들의 계열사여서 이해상충의 문제를 피하기 어렵다. 예컨대 삼성그룹계열의 자산운용사가 경쟁관계에 있는 LG그룹의 전자회사에게 주주행동주의를 실행한다는 것은 아무리 의도가 순수하다 하더라도 그 독립성과 중립성에 의문부호를 달지 않을 수 없다. 더구나 국내 최대 기관투자가인 국민연금이 적극적인 주주행동주의를 실행할 경우 늘상 제기되어 왔던 연금사회주의에 대한 논란을 불식시키기 어려운 것도 사실이다.

그러나 이러한 한계점에도 불구하고 기관투자자들의 '수탁자 책무'에 대한 요구가 점증함으로 인해 주주행동주의는 수탁자 책무를 충실히 이행하는 새로운 투자 전략으로 받아들여지고 있음을 직시해야 한다. 따라서 전문성의 한계와 비용의 문제점들은 다양한 전문기관들을 육성함으로써, 그리고 재벌 계열 금융회사의 이해상충 문제와 국민연금의 연금사회주의 논란은 각각 독립적인 지배구조의 확립 및 개선 등을 통해 문제 보완의 실마리를 찾을 수 있다고 본다. 주주행동주의가 갖는 양날의 칼에서 한쪽 면은 무디게 갈고, 다른 면을 예리하게 갈아 전가의 보도로 활용되도록 하는 것이 앞으로의 과제가 아닐까 싶다.

## 주식시장의 참여민주주의

2005년으로 가 보자. 당시 국내에서는 영국의 〈파이낸셜타임스〉에 대한 성토의 목소리가 높았다. 〈파이낸셜타임스〉가 우리 정부의 5%룰('경영 참여' 목적으로 주식 5% 이상을 보유한 투자자에게 보유 목적과 주식 취득자금의 원천을 명기하도록 의무화)에 대한 증권거래법 개정과 관련하여 '완전히 정신분열증 태도Completely Schizophrenic'로 규정했기 때문이다. 이에 대해 우리 금융당국도 즉각 반격에 나섰다. 당시 5%룰 개정은 1934년 미국에서 제정된 'SEC 13D' 조항을 원용했을 뿐, 그것을 국수주의와 연결 짓는 것은 지나친 비약이라는 것이 항변의 논거였다.

나는 당시 그러한 갑론을박을 접하면서 몹시 아쉬웠다. 무엇보다 외부 비판에 대한 우리나라 언론들과 당국자들의 천편일률적인 감정적 대응 때문이다. 외국의 유수 언론들이 우리 문제를 비판적 톤으로 이야기하는 순간 시시비비의 관점은 사라지고 전무 아니면 전부라는 식의 항전태세부터 취한다. 곧 여론이 들끓게 되면 문제의 본질은 가려지고 자극적 단어만 침

소봉대되거나 외피만 긁어대는 아우성만 남기 때문이다. 그러나 차분하고 꼼꼼하게 그 비판의 행간을 읽어 보면 귀담아 들을 이야기들도 많다. 당시 〈파이낸셜타임스〉 기사도 감정을 배제하고 합리적 잣대로 대하면, 우리에 게 결코 달콤하게 들리지는 않지만 보약이 될 만한 의미심장한 말들도 많 이 담고 있다. 우리 속담에 "명약은 쓰다" 하지 않았는가.

우선 살펴볼 것은 〈파이낸셜타임스〉가 지적했듯이, 소버린과 같은 적극 적 포트폴리오 투자자들의 관계투자<sub>Relational Investment</sub>에 대한 우리의 지나친 과민반응이다. 개념부터 짚어 보면 전통적인 포트폴리오 투자란 일반적으 로 회사에 대한 경영권 행사를 목적으로 하는 직접투자와 달리 투자자금 의 안전성과 수익 극대화에 주로 초점을 맞추는 투자기법을 말한다. 따라 서 대부분의 포트폴리오 투자자들은 보유기업에 대한 적대적 인수합병에 는 아예 관심이 없으며 국제금융가에서 그러한 예를 발견하기도 쉽지 않 다. 그보다는 기업 실적이 기대치에 못 미치면 시장을 통해 그 주식을 매 각해 버리는 방식을 주로 택하기 때문이다. 그러나 이러한 전통적인 포트 폴리오 투자는 1990년대를 거치면서 새로운 투자기법인 관계투자와 결합 하게 된다. 관계투자는 장기 포트폴리오펀드인 연기금과 보험회사 등의 기 관투자가들을 중심으로 발전하게 되며 이는 또한 투자의 전설인 워렌 버핏 의 투자기법과도 궤를 같이 한다.

따라서 이들은 '주식보유자<sub>Shareholder</sub>'이기를 거부하고 '기업의 주인<sub>Shar-eowner</sub>'이 되기를 원한다. 주인의식을 갖고 기업경영진과 적극적으로 대화 하며 기업경영에 대한 의견을 제시하기를 주저하지 않기 때문이다. 그러나 이는 결코 적대적 인수합병을 시도하는 기업사냥과는 근본적으로 다르다.

단지 전통적인 포트폴리오 투자기법의 소극성을 뛰어 넘기 위해 주주에게 법으로 부여된 주주 권리를 최대한 적극적으로 활용하는 투자기법일 뿐이다. 이것이 곧 관계투자다. 또한 이러한 관계투자는 기본적으로 "내 돈이라면 그렇게 소극적이겠는가" 하는 물음을 바탕으로 출발한다. 많은 사람들의 노후생활, 그들의 물질적 행복 그리고 고객들의 소중한 자산을 관리하는 펀드매니저로서 선량한 수탁자의 책무를 진정으로 다하려는 투자 철학에서 비롯된 것이기 때문이다.

이 투자기법은 장기투자의 경우 더욱 탁월한 실적으로 호응하면서 발전하게 된다. 아마도 워렌 버핏은 가장 훌륭한 예가 될 것이다. 그 밖의 펀드들에서도 여러 가지 실증적인 연구들을 통해 투자기법의 우수성이 충분히 증명되고 있다. 그중 미국의 캘퍼스Calpers 펀드와 함께 전 세계적으로 관계투자의 선도 역할을 하고 있는 런던의 헤르메스Hermes 펀드의 경험 자료는 기업지배구조의 개선을 통한 관계투자의 우수성을 입증해 주고도 남는다. 즉, 지난 5년간 헤르메스의 관계투자 편입종목들은 FTSE 지수를 4.5% 능가했으며, 유럽회사에 투자한 종목들은 1.9%, 미국에 투자한 종목들은 10.1%나 각각 해당국의 주가지수를 능가한 것으로 나타났기 때문이다. 그리고 이러한 현상은 캘퍼스의 자료에서도 공히 찾아볼 수 있다.

다음으로 5%룰에 대한 부분이다. 우리 금융당국이 원용했다는 미국 증권거래위원회Securities and Exchange Commission, SEC 규정의 13조 조항은 1934년 제정된 것이나 1998년 2월 개정을 거치게 된다. 그 조항 개정의 취지는 5% 취득 시 투자자들에게 보고 사항을 더욱 완화해서 부담을 덜어 주자는 것으로 요약될 수 있다. 즉, 기존의 기관투자가들(브로커, 은행, 보험회사, 투자회사, 투자자문회사)에 속하지 않는 투자자이어도 매입 주식이 총발행주식 수



의결권은
자산이다

의 20%를 넘지 않고 경영에 영향을 끼칠 의사가 없다면 단순투자가<sup>Passive</sup> <sup>Investor</sup>로 인정하여 까다로운 13D의 보고를 생략할 수 있게 하는 것이다.

13D의 보고서식은 투자자의 실체와 배경, 주식 매입자금의 원천 그리고 취득 목적 등을 상세히 적어야 하는 데 반해, 13G는 최소한의 취득 사실만 간단히 적으면 되는 것이다. 여기서 또한 '경영에 영향을 미치는 행위'에 대한 개념 정의에서도 SEC의 13조 조항은 다음 세 가지로 구분해서 규정하고 있다. 즉, 의결권과 관련된 투자자와 기업의 분쟁이 일어났다 하더라도, 그 분쟁 내용이 첫째, 사회적·공공적 이슈이거나 경영진의 보수, 이사들의 연금 그리고 비밀 투표와 관련된 사항이라면 '경영에 영향을 미치는 행위'로 간주하지 않는다. 둘째, 기업지배구조와 관련된 사항 중에서 독소조항<sup>Poison Pill</sup>의 삭제, 경영권 방어 조항의 변경, 부적격한 이사의 해임과 관련된 사항이 발생하면 '경영에 영향을 미치는 행위'로 간주할 수도 간주하지 않을 수도 있다. 셋째, 회사의 매수자를 찾거나 중대한 자산의 매각, 기업 구조조정 혹은 새로운 이사를 선임하려는 내용을 담은 주주 제안을 낼 경우 이것은 경영에 영향을 미치는 행위로 간주된다.

이에 비해 우리 증권거래법 개정안의 제200조 2항(주식 대량 보유 등의 보고)을 보면 임원의 선임, 해임 또한 직무 정지, 이사회 등 회사의 다른 기관과 관련된 정관 변경 등의 일반적인 기업지배구조의 핵심적 사항까지 전부 포괄적으로 '경영에 영향을 미치는 행위'로 간주하여 투자자들, 즉 외부 주주들이 기업경영에 참여할 수 있는 운신의 폭이 상당히 제한당하고 있는 느낌이다. 이것은 투자자들이 기업을 방문하거나 전화, 우편 등을 통해 시도하는 주주 가치 제고를 위한 건설적 대화마저 경영 행위로 간주되어 근본적으로 차단될 우려가 있으며, 이는 앞서 언급했듯이 전 세계적으

로 운용 실적을 인정받고 있는 펀드들의 관계투자 행위를 가로막을 개연
성을 띤다.

　나는 우리 주식시장의 참여자금이 장기화되는 추세에 주목하고 있다.
공공연금의 주식운용 규모가 커지고, 기업연금제도가 본격적으로 확대되
고, 적립식 주식형 펀드도 어느 정도 정착되는 상황 등을 고려하면, 우리도
이러한 장기성 투자자본과 기업경영이 상호 동등한 입장에서 협조할 수 있
는 틀을 짜나가야 한다. 투자자들도 기업의 주인으로서 법으로 보장된 주
주 권리를 마음껏 행사할 수 있어야 한다. 그래야 주식시장이 독재 체제에
서 참여민주주의 체제로 이행되는 것이다. 그것을 통해 기업은 견제와 균
형을 갖춘 건강하고 투명한 기업으로 성장해 나갈 것이다. 그렇지 않고 또
다시 기업, 정치, 언론 등이 작당하여 국수주의 정서로 재벌 총수를 옹호
하고 수구적 질서로 회귀하려 한다면 우리 자본시장과 나라 경제의 미래
는 결코 밝지 않을 것이다.

## 고래 사냥과 판다 보호 캠페인

　일본의 포경산업은 국제적으로 악명이 높다. 작살과 그물 등으로 중무
장한 이들 포경선은 바다 어디에서나 고래가 눈에 띄면 작살을 날리거나
그물을 쳐서 고래를 잡는다. 대개의 경우, 작살을 맞은 고래는 피를 많이
흘려 죽게 되고, 그물에 걸린 고래도 숨을 쉬지 못해 결국 죽게 된다. 포획
된 고래는 해체장으로 운반되어 살은 살대로, 뼈는 뼈대로 분해된다. 이렇
게 분해된 고래는 부위별로 용도에 따라 밀거래 된다. 이런 고래의 가치는
그 덩치만큼이나 크다고 한다. 일반적으로 귀신고래는 약 3,000만 원, 밍

크고래는 약 1억 원 이상 호가한다니 말이다.

기업에도 고래 사냥과 흡사한 사냥꾼들이 있다. 1980년대 영국의 핸슨신탁Hanson Trust은 기업들에게 가히 공포의 대상이었다. 요크셔 출신의 제임스 핸슨J. Hanson과 고든 화이트G. White가 세운 이 회사는 기업사냥의 대표적인 펀드로 당대를 풍미했다. 핸슨신탁은 사업 전망이 불투명하나, 현금과 부동산을 많이 보유하고 있는 벽돌회사나 담배회사 등을 주로 타깃으로 삼았다. 공격 대상이 결정되면 즉각 주식 매집에 들어간다. 인수가 끝나면 피인수 회사의 본사 건물, 토지, 공장과 같은 고정자산 등을 분해하여 팔아 치운다. 그리고 그 매각 대금으로 부채를 갚은 다음, 회사의 가지치기 작업에 돌입한다. 이러한 과정을 거쳐 회사의 모양새가 갖춰지게 되어 시장가치가 치솟으면 곧바로 회사를 되팔거나 청산 절차를 통해 투자자금을 회수하고 이익을 뽑아낸다.

이러한 형태의 매매기법을 일컬어 투기적 적대인수Speculative Hostile Takeover라고 한다. 이들은 기업을 법인法人이 아닌 물적 집적체로 파악한다. 따라서 이들의 목표는 기업을 접수한 후, 가치제고를 통해 재매각하여 투자이익을 극대화하면 그뿐이다. 이들의 투자 기간도 역시 단기적이다. 물론 이러한 기업사냥에 대한 옹호론도 만만찮다. 그 옹호론자들은 기업사냥을 일컬어 기업경영에 대한 외부 감시 기능의 하나일 뿐이라고 주장한다. 즉, 대리인 문제Agency Problem와 도덕적 해이, 그리고 참호 구축Entrenchment이라는 주식회사 제도의 해묵은 문제들을 일거에 해결할 수 있는 효과적인 수단이라고까지 말한다.


화제를 바꿔 한 동물보호기구 이야기를 해 보자. WWFWorld Wildlife Fund는 1961년 스위스에 본부를 두고 창설된 동물보호단체다. 이 기구의 로고는 바로 멸종위기에 처한 판다(영어 발음으로는 '팬더'라고도 하는 포유류 식육목 食肉目 곰과 판다속의 동물)의 그림이다. WWF는 1980년부터 중국의 샨시성 정부와 손잡고 밀렵꾼들에 의해 멸종위기에 처한 판다 구하기에 나서 왔다. 이들은 주로 판다의 주 서식지를 중심으로 10,400평방킬로미터에 걸쳐 50여 곳의 보호지역을 지정했다. 그리고 이 보호지역을 집중적으로 관찰하면서 판다를 관리하고 있다. 때로 이들은 보호지역을 벗어나는 판다를 안전하게 포획해서 다시 그 지역으로 갖다 놓기도 한다. 그 지역을 이탈하면 밀렵꾼들의 사냥감이 될 위험이 매우 높기 때문이다. 따라서 이들의 포획은 적대적 포획이 아니라, 매우 친절하면서도 우호적인 포획인 것이다.

자본시장에도 판다 보호 캠페인이 존재한다. 바로 사회책임투자의 주주 행동주의Shareholder Activism가 그것이다. 주식 보관자Shareholder에 머무는 것이 아니라 주식의 주인Shareowner이 되기를 원하는 사회책임투자자들은 때로 기업의 지속가능한 발전을 위해 적극적인 간섭을 하기도 한다.

우리나라에서도 유사한 사례가 있다. 2006년 '장하성펀드'와 '태광산업'의 불꽃 튀는 공방이 바로 그것이다. 태광산업 지분 5.15%를 취득한 이 펀드가 70%의 절대 지분을 갖고 있는 회사를 상대로 관여전략의 시동을 건 것이다. 문제점을 적시하여, 고칠 것은 고쳐야 한다고 주장하는 이 펀드의 투자기법은 한 투자펀드의 볼멘소리쯤으로 치부될지 모르지만, 행간을 들여다보면 음미할 만한 대목이 많다. 우리나라의 경우 과거 수십 년 동안 외부주주권은 상당 부분 무시당해 왔다 해도 과언이 아니다. 소수 지배주주가 이사회를 장악하고 주주총회가 들러리를 서 온 마당에 기업에 대한 '견제와 균형'이라는 말은 사실상 호사가들의 담론쯤으로 치부되었다. 투자한 기업이 주주이익, 사회에 대한 책임 이행 여부 등의 문제는 고사하고

1인 대주주를 위한 불법과 반칙을 해도 주주들은 먼 산만 바라보고 신세 한탄만 할 뿐 딱히 대응할 만한 수단이 없었다.

그러나 사회책임투자의 관여전략은 기업사냥이 아니다. 기업사냥이라면 대주주 지분율 70%인 기업을 선택하지 않았을 것이다. 그것은 단지 기업의 주인인 주주가 투자한 기업을 소 닭 보듯이 바라보지 않는 것이다. 주식을 매입하는 순간 따라오는 주주권을 하나의 자산으로 간주해서 그것을 적극적으로 활용함으로써 기업과 주주의 상생의 터전을 닦아 나가는 것이다. 어쩌면 현실화될지 모르는 위험을 판별하여 소 잃기 전에 외양간부터 미리 고치자고 제안하는 것이다.

'장하성펀드'는 분명 새로운 지평을 여는 시도이기에 그 자체로도 충분한 의미를 지닌다고 생각한다. 다만, 그것이 식도락가의 식탁을 위해 마구잡이로 행해지는 고래 사냥에 머물지, 아니면 판다 보호 캠페인처럼 귀엽고 평화스런 동물을 우리의 후세에게까지 넘겨주려는 친절한 보호 캠페인이 될 수 있을지는 시간을 두고 지켜봐야 할 것이다.


## '꽃'의 투자론


학창시절 김춘수 시인의 '꽃'이라는 시는 내게 큰 감동을 주었다. 사랑을 말하진 않지만, 이 시만큼 사랑의 절절함을 절제된 시어와 풍부한 이미지 속에 담아 표현하고 있는 시가 또 있을까 싶다.


내가 그의 이름을 불러 주기 전에는

그는 다만

하나의 몸짓에 지나지 않았다.

내가 그의 이름을 불러 주었을 때

그는 나에게로 와서

꽃이 되었다.

……


최근 나는 우연한 기회에 이 시를 다시 접한 적이 있다. 그런데 참 놀랍게도 이 시를 관류하는 서정 속에서 나는 사회책임투자 관여전략의 일단을 만났다. 관여전략이란 주주가 기업의 문제에 대해 개선책을 제시하며 기업과 대화하는 투자 전략을 말한다. 이 기법은 전통적인 수동적 투자 방법에 익숙해 있는 일반인들에게는 다소 낯설기도 하고 때로는 기업에 대해 반대만 일삼는 이상한 투자 방법으로 치부될 수도 있다. 그러나 내용을 면밀히 들여다보면 음미할 만한 대목들이 참 많다.

우선 시간을 거슬러 회사법Company Act이 만들어졌던 19세기 영국의 빅토리아 시대로 가 보자. 최악의 상황에도 투자한 돈만 날리면 되는 대신(유한책임), 투자한 사람들에게 임의로 매매할 수 있는 주권을 교부했던(소유권 유통) '주식회사 제도'의 등장은 당시 가히 혁명적 사건이었다. 이후 금융시장이 계속 발달함에 따라 기업은 이러한 주권 발행을 통해 거대자본 조달이 쉬워졌고, 투자자들은 유한책임으로 이 기업, 저 기업의 주인이 되어 수익을 추구할 수 있는 기회를 얻게 되었다.

그러나 문제는 여기서부터다. 금융시장의 규모와 참여자가 늘고, 기업경영이 날로 전문화되면서 회사법상의 주인인 주주들은 흩어지고, 그들의 얼굴은 점점 무대 저편으로 사라져 버린 것이다. 최근 수십 년 동안에는 매매시스템의 고도화와 매매의 용이성 등으로 이러한 현상들이 심화되었다. 따라서 기업은 무주공산無主空山이 되고 경영진은 그들만의 잔칫상에 몰입하게 된다. 여기서 발생한 대표적 사건들이 바로 엔론Enron 추문이며 우리의 경우에는 앞서 언급했듯이 SK 글로벌의 분식회계를 비롯한 여러 사건이다.

따라서 관여전략을 취하는 대다수 사회책임투자자들은 시빗거리만 찾는 트러블 메이커들이 아니다. 이는 기업의 법적 주인들이 잃어버린 주권을 되찾으려는 시도이며, 시장기능의 중심 추를 기업과 지배주주로부터 투자자로 옮겨 놓음으로써 견제와 균형을 담보하려는 노력이고, 기업과 공동의 문제를 풀어 보자는 대화의 몸짓 그 이상도 이하도 아니다. 또한 그러한 시도들은 자신들이 투자한 자금을 명확히 관리하려는 의지의 선언이다. 혹 남의 자금을 관리하는 수탁자Trustee라면 수익자Beneficiary에 대한 성실한 수탁자의 의무Fiduciary Duty를 다하려는 것이다. 내 돈이라면 그렇게 수동적일 수 있는가 하는 물음에 대하여 "그럴 수 없다"라고 외치는 결연한 의지의 표명인 것이다.

주주가 침묵할 때 일견 시장은 고요할 수 있다. 주주가 기업에게 다가가지 않을 때 시장은 평온한 듯 보인다. 그러나 주주와 기업이 만나는 접점이 주식을 사고파는 매매 시스템 그리고 유가증권 잔고 내역에만 한정된다면 시장은 바닥부터 부패할 가능성이 높다. 그리고 그러한 사이 주주권은 감옥에 갇히는 격이 되고 만다. 여러 가지 유형의 철창들이 존재하는 감옥 말이다. 즉, 개발경제의 부산물인 친기업적 정서와 제도, 지배주주에 대한 절대 충성심, 기관투자자들의 수동적인 투자와 단기투자, 이사 책무의 기본도 모르는 이사회, 시장을 단순히 자본 조달 창구로만 알 뿐 시장에 대한 의무에는 소홀한 경영진들, 이 모든 기제에 줏대 없이 무책임하게 들락거리는 관료들과 언론들, 이 모두가 주주권을 감금하는 보이지 않는 철창들이다.

······

그에게로 가서 나도

그의 꽃이 되고 싶다.


우리들은 모두

무엇이 되고 싶다.

너는 나에게 나는 너에게

잊혀지지 않는 하나의 눈짓이 되고 싶다.


주주권의 철창 속에서 주주가 기업에게 다가가기 전 그는 하나의 투자자에 지나지 않았다. 그러나 철창이 사라져 기업에게 다가갈 때 투자자는 비로소 기업의 주인이 된다. 마치 그의 이름을 불러 주지 않았을 때 그는 다만 하나의 몸짓에 불과했듯이. 그의 이름을 불러 주니 그는 내게 와 하나의 꽃으로 승화되었듯이.

### 캘퍼스 효과를 아십니까?

권력분립의 필요성을 처음으로 말한 사람은 17세기 영국의 존 로크J. Locke였다. 그는 입법권과 집행권을 분리하자고 처음으로 주장했다. 그 뒤 18세기엔 프랑스의 몽테스키외Montesquieu가 유명한 저서 《법의 정신》에서 입법, 행정, 사법의 삼권분립을 주장했다. 19세기 들어 영국의 액튼Acton경은 유명한 말을 남겼다.

"권력은 부패하기 쉬운데 절대권력은 반드시 부패한다."

아마도 이들 세 사상가들은 공통적으로 인간의 욕망 추구에 대한 자기

통제력에 대해 근본적 불신을 던지는 듯하다. 스스로 통제하지 못하면 견제와 균형Check and Balance이라는 제도적 장치를 통해 외부통제를 받아야 한다는 논거일 터다.



2003년 〈하버드비즈니스리뷰〉는 기업지배구조와 관련된 논문 한 편을 소개했다. 제목은 "이사회의 없어진 연결고리The Board's Missing Link". 미국 하버드 대학 몽고메리Cynthia A. Montgomery 교수와 카우프먼Rhonda Kaufman 교수는 이 논문에서 기업지배구조의 삼각형 모델을 소개한다.

기업지배구조의 삼권분립 도표를 보자. 두 교수는 기업지배구조의 삼각형 상단에 기업을, 왼쪽 하단에 주주를, 오른쪽 하단에 이사회를 각각 놓는다. 그리고 삼각형을 구성하는 각 주체들 간에는 고유한 상호작용이 오간다.

**기업지배구조의 삼권분립**

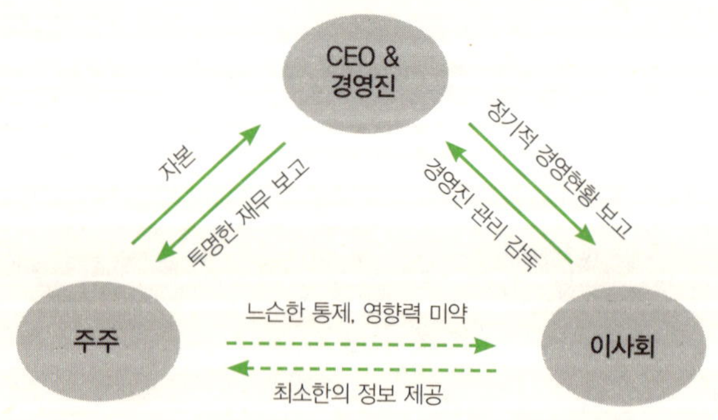


(자료: 신시아 몽고메리, "이사회의 없어진 연결고리", 〈하버드비즈니스리뷰〉, 2003)

예컨대 주주는 기업에게 자본을 대는 대신 기업은 주주에게 투명하게 정보를 공개해야 한다. 기업은 이사회에게 정기적으로 보고하고 전략적 판단을 구한다면 이사회는 기업을 적절히 감독할 의무를 진다. 그런데 문제는 주주와 이사회의 관계에서 발생한다. 이론적으로 주주는 이사회를 통제할 권리를 갖고 이사회는 주주에게 책무를 져야 한다. 그런데 이 관계가 끊어지고 주주의 역할이 약화되면서 지배구조의 문제가 있다고 그들은 말한다. 다시 말하자면, 삼각형 좌하단의 기능(주주의 기능)이 거의 사라져버린 것이다.

두 교수는 이렇게 묻는다.

"정치 지도자들이 밀실에서 선출되고 정책 결정이 은밀하게 행해진다고 생각해 보라. 과연 그러한 구조하에서 그들이 국민의 이익을 제대로 대변할 수 있다고 생각하는가?"

이와 유사한 고민은 다시 18세기로 거슬러 올라간다. 일찍이 애덤 스미스는 《국부론》에서 지배구조의 문제를 꼬집었다. 기업경영진들은 남의 돈을 관리하는 사람들이기 때문에 그들에게서 스스로의 돈을 관리할 때와 같은 신중함을 기대하기 어렵다는 것이 그 근거였다.

이러한 우려들을 반영한 것일까? 1992년 영국의 기업지배구조 원칙인 '캐드베리Cadbury 보고서'의 제8항을 보면 기관투자가들의 역할을 강조한다. 즉, 기관투자가들은 투자한 회사의 임원들과 정기적으로 접촉해야 하며, 보유한 지분에 대한 의결권 행사를 하나의 자산으로 간주해야 하고, 의결권 행사에 대한 정책을 공개해야 한다고 규정하고 있다. 또한 2001년 영국 재무성은 기관투자 산업의 현황과 그 정책 대안을 담고 있는 '마이너스Myners 보고서'를 발표했다. 이 보고서는 주주 개입 문제에 대해 다음과 같이 정리하고 있다.

펀드매니저가 고객 자산의 가치를 극대화하려면 투자한 회사에 개입할 수 있는 권리를 더욱 자주 활용해야 한다. 물론 단순히 매각해야 할 경우도 있지만 그렇지 않은 경우도 많기 때문이다. 즉 보유주식이 많거나, 주가가 현저히 저평가되었거나, 벤치마크 추종Tracking 같은 이유로 그 주식을 어쩔 수 없이 보유해야 할 경우엔 관여를 통해 고객 자산 관리에 충실을 기해야 한다."

이러한 원칙에 따라 미국과 영국의 상당수 연금펀드 운용사들은 그들의 투자 원칙에서 주주의 경영관여 가능성을 열어 놓고 있다. 그중 가장 적극적인 연금펀드로는 미국의 캘퍼스Calpers와 BT연금을 운용하는 영국의 헤르메스Hermes 자산운용을 들 수 있다. 이들 두 연금펀드들은 상호 전략적 제휴를 맺고 의결권 행사와 경영관여에서 공동보조를 취하고 있다. 캘퍼스는 포커스 목록Focus List을 통해, 헤르메스는 포커스펀드를 통해, 잠재적으로 사업 내용이 건실함에도 나쁜 지배구조 때문에 주주 가치를 훼손하고 있는 기업들에게 집중적으로 초점을 맞춰 투자하고 있다.

이른바 '캘퍼스 효과'로 불리는 캘퍼스의 투자 성과는 탁월하다. 캘퍼스의 포커스 목록에 편입되기 이전에는 시장수익률에 못 미치다가 편입 3년 후부터 넘어서기 시작하여 5년 후엔 3.1%나 시장수익률을 초과하는 성과를 나타냈다. 헤르메스도 이와 유사하다. 이들의 UK 포커스펀드는 1998년 설정된 이래 연간베이스로 4% 정도 벤치마크를 넘어서고 있기 때문이다.

이들의 신념은 삼권분립의 철학과 궤를 같이 한다. 즉 그들은 주주자본주의에서의 기관투자가를 대의민주주의에서의 시민의식과 등치시키고 있다. 따라서 참여적 시민들이 유능하고 적절한 국회의원을 선택, 모니터하며 이들이 행정부에 적극 관여하고 감시할 때 삼권분립의 안정적 황금분할이 이루어질 수 있듯이 기업지배구조의 경우도 이와 유사하다고 믿는다. 기업지배구조라고 흔히 번역되는 '거버넌스Governance'라는 단어는 단순한 정태적靜態的 제도의 의미를 넘어, 그 구조를 구성하는 주체들(기업, 이사회, 주주) 간 행태적行態的 힘의 흐름까지도 포함한다. 한쪽이라도 제기능을 다 못하면 지배구조 삼각형의 안정적 구조역학은 깨지고 만다.

우리나라의 민주주의는 값비싼 대가를 치르며 오늘에 이르렀다. 그 결과 권력의 전횡(독재)은 사라졌고 이제 누구도 참여민주주의를 일컬어 불순한 행위라고 매도하지 않는다. 마찬가지로 기업지배구조에도 참여, 곧 경영관여가 구현되어야 진정한 지배구조의 삼권분립 및 선진화가 확보된다. 그리고 참여자본주의를 촉발할 수 있는 모멘텀은 투자자들의 각성과 자발적 문제인식에서 찾아야 할 것이다. 즉, 국내에서도 헤르메스나 캘퍼스와 같은 참여적 투자자가 등장하여, 주주행동주의의 비용을 부담할지라도 투자 기업의 이익은 스스로 지키겠다는 실천적 선언이 요구된다. 하루속히 그런 투자자가 등장하길 기대해 본다.


## 헤르메스의 주인 투자론

### | "우리는 주주가 아니라 기업의 주인이다!"

일반적으로 세입자와 집 주인의 태도는 많이 다르다. 집 주위에 쓰레기 소각장이 세워져 집의 자산가치가 하락할 법한 일이 벌어졌다고 치자. 이럴 경우 집 주인은 전전긍긍하며 대책을 모색하려 할 것이다. 이웃들과 힘을 합쳐 정부에 민원을 제기하거나, 어떤 식으로든 각종 매체 등을 통해 그들의 입장을 여론화하려고 애쓸 것이다. 왜냐하면 그런 상황이 벌어짐으로써 그들에게 미칠 재산상 피해에 누구보다 민감하기 때문이다. 그러나 세입자들의 태도는 확연히 다를 가능성이 높다. 그들은 보증금만 돌려받는

다면 더 나은 조건의 집을 골라 이사를 가면 그만이기에 그런 상황에 대개 무관심할 것이다.

이러한 인식의 차이는 주식투자자에게도 적용될 수 있다. 예컨대 특정 회사의 주식을 단기적으로 보유하는 일반적인 주주Shareholder들과 10년, 20년 장기 보유하며 그 지분만큼 기업의 주인이라고 인식하는 주주Shareowner들과는 기업의 문제를 바라보는 시각이 완전히 다를 수 있다. 앞서 예를 든 세입자와 집주인의 차이만큼이나 말이다. 즉 기업 내외부적으로 문제가 발생했을 때 단기투자자들은 그냥 주식을 처분하고 나가면 그만이지만, 장기적으로 기업과 함께하는 투자자들은 어떤 식으로든 문제의 개선책에 관심을 둘 것이다. 사려 깊고 신중하며 책임 있는 투자자라면 더욱더 그럴 것이다. 헤르메스의 투자 원칙은 바로 이러한 인식을 바탕으로 한다. 즉 그들은 기업의 세입자이기를 거부하고 기업의 주인이 되기를 강력히 희망하는 것이다.

헤르메스는 영국 최대 통신회사인 브리티시텔레콤BT, British Telecom의 기업연금을 100% 소유하고 있는 영국 최대 자산운용사다. 이들의 운용자산 규모는 2009년 3월 현재 우리 돈으로 약 56조 원에 이른다. 규모도 규모지만 헤르메스는 그들만의 독특한 투자 방식으로 세계적인 명성을 얻고 있는 자산운용사다. 그렇다면 그들의 '주인 투자론'이 왜 세계적 주목을 받고 있는지 함께 생각해 보자.

헤르메스는 기업의 궁극적인 목적을 기업의 주인인 주주들의 장기가치를 창출하는 것으로 정의한다. 따라서 헤르메스는 이러한 기업의 목적에 반하는, 즉 주주 가치를 소홀히 하는 기업들에게는 적극적인 경영관여를 실행함으로써 함께 이익을 도모하는 전략을 취한다. 또한 기업의 가치는 이렇게 주인의식으로 무장된 주주들이 많을수록 더욱 높아질 것이라고 그들은 확신한다. 그들은 지난 10여 년간 이러한 관여전략을 통해 기업 가치를 높인 다양하고도 많은 경험이 있다.

그렇지만, 그들은 기업에 부담을 주는 것은 원치 않는다. 만일 기업이 부담을 갖고 경영 전략의 초점이 흐려진다면 그것은 그들에게 먼저 손해가 되기 때문이다. 더군다나 그들 조직 내에는 변호사, 기업가, 시민운동가, 기업 분석가, 언론인 등 다양한 경험과 전문성을 갖춘 전문가 그룹이 포진하고 있다 하더라도 다양한 산업들에 내재하는 특수한 전문성들을 모두 아우를 수 없기 때문에, 그들의 경영관여는 세세한 관여Micro-manage보다는 큰 틀에서 전략적 방향을 제시하는 선Macro-manage에서 실행된다. 예컨대 이사회의 구성과 운영에 관한 측면, 기업의 전략적 방향, 인수합병 등에 관한 사항, 자본구조의 적절성, 그리고 임원의 보수, 투명성, 윤리적·사회적·환경적 이슈들과 관련된 지배구조 측면 등에 초점이 모아진다.

또한 그들은 사후 처방보다는 선제적으로 문제를 적시하여 '소 잃고 외양간 고치는 식'의 일이 발생하지 않도록 최선을 다한다. 즉 추가 비용을 부담하더라도 항상 투자한 기업들의 경영진들과 건설적인 대화를 함으로써 '사후약방문'이 아니라 '예방적 처방'을 함께 모색한다. 이를 위해 그들은 전 세계에 걸쳐 있는 투자 기업들을 찾아 만나고 대화하며 문제에 대한 대안을 제시하는 등의 관여전략을 펼치고 있는 것이다.

이러한 그들의 투자 전략에는 수탁자 책무Fiduciary Duty라는 대원칙이 자리 잡고 있다. 즉 그들에게 돈을 맡김으로써 그들 노후의 경제적 안정을 맡겨 놓고 있는 연금가입자들에 최적의 수익률로 관리해서 돌려줘야 한다는 수탁자로서의 책무가 바로 그것이다. 즉 내 돈처럼 소중하게 관리해야 한다는 청지기 정신이다.

  대개 헤르메스의 고객들은 연금 수혜자여서 납입 의무 기간이 길다. 평균 25년 정도다. 따라서 헤르메스가 상장기업에 투자하고 보유하는 기간의 기준도 거의 25년이라는 기간에 맞춰져 있다. 이렇듯 헤르메스는 장기투자를 추구한다.

  그러나 그들이 자본시장에 눈을 돌렸을 때 시장에는 기업의 장기적 발전을 가로막는 일들이 너무도 많음을 발견한다. 많은 상장기업들은 단기투자의 문화와 기제 속에서 장기적 기업 발전 대신 단기적 이익을 추구해야 하는 압력에 놓이게 된다. 많은 기관투자가들도 이에 동조한다. 그들 역시 장기투자란 단기이익의 축적에 불과하다고 주장하면서 말이다. 그러나 이러한 주장이 성립하려면 다음의 필요조건을 갖춰야 한다. 매 단기간의 투자 수익이 각기 '독립적'이어서 다른 기간과 아무런 영향을 주고받지 않는다는 조건이 그것이다. 그러나 투자의 세계에 이런 조건은 성립되지 않는다. 간단한 예로 수십 년에 걸쳐 축적된 자산이 한순간의 투자실수로 날아가는 사례가 허다하기 때문이다.

  따라서 헤르메스는 단기간의 투자 수익보다는 지속가능한 투자 수익을 추구한다. 그렇다면 그들이 생각하는 보다 구체적인 지속가능한 투자 수익이란 무엇인가. 그들의 생각은 이렇다. 지속가능한 기업의 발전이란 미래 수익을 위하여 기업의 자본을 항상 최적의 상태로 유지하는 것을 말한다. 여기에는 재무적 자본만이 아니라 기업의 인적 자본, 명성이라는 무형적 자본, 지배구조의 투명성, 그리고 기타 환경적·사회적 리스크까지 관리하는 것을 말한다.


  더 구체적으로는 다음 세 가지 사항들이 적절히 실행될 때 기업은 지속가능하다고 그들은 믿는다.

첫째로, 기업은 재무 이익을 창출해야 한다. 즉 기업은 그들이 투여한 자본코스트WACC보다 많은 크기의 리턴을 창출하는 것이 필수적이다. 물론 주당수익가치EPS, 자본수익률ROCE, 시장점유율M/S 등은 중요한 지표이기는 하지만 절대적 지표는 아니다. 그러한 지표들은 주주 가치를 훼손하면서도 얼마든지 높일 수 있다고 생각하기 때문이다. 따라서 그들은 '투자 대비 현금흐름수익CFROI'이나 '경제적 부가가치EVA' 등과 같은 지표를 매우 중요하게 활용한다.

둘째로, 재무적 잉여는 경쟁사 대비 우월한 경쟁 전략을 갖출 때 가능하다고 믿는다. 즉 전략 없이 대중적 처방으로 일관하는 회사, 선택과 집중 없이 다각화함으로써 비효율적 자원 배분을 하고 있는 기업들, 경쟁사와 비교하여 강점을 부각하려는 차별화 전략이 없는 기업 등은 치열한 비즈니스 환경에서 결코 지속가능할 수 없다고 그들은 판단한다.

셋째로, 이러한 점들을 실현하는 과정에서 기업은 사회책임경영을 해야 한다고 그들은 확고하게 믿는다. 예컨대 장기투자가로서 그들은 '비용의 외부화Externalization'에 반대한다. 이것은 환경적·사회적·윤리적으로 용납될 수 없는 행위다. 기업이 비용을 외부로 전가함으로써 이익을 창출했다면 이것은 미래의 어느 시점에서는 다시 기업에게 비용이 되어 부메랑처럼 돌아올 것이기 때문에 장기투자자인 그들은 그러한 기업에 투자해서는 결코 안 된다고 확고히 믿는 것이다.

나는 헤르메스의 투자 원칙을 생각할 때마다 국내 기관투자자들을 떠올리지 않을 수 없다. 국내 연금펀드들을 포함한 기관투자자들 중에서 과연 투자 기업의 주인이라고 스스로 생각하는 주인 투자자가 얼마나 있을까 하는 생각에서부터 내 돈처럼 적극적이고 치열하게 관리하는 청지기로

서의 투자자는 또 얼마나 될까 하는 생각까지 이런저런 의구심이 밀려온
다. 현실의 제약을 핑계로 투자 기업의 가치가 불 보듯 뻔히 훼손되는 상황
을 알면서도 시간에 내맡기며 수동적 태도로 일관하는 세입자 같은 투자
자는 혹시 없는지, 그런 투자자들이 전문가를 자임하며 우리 노후의 귀중
한 자금을 떠맡고 있지는 않은지도 염려스럽기만 하다.

6

# 사회책임투자의
# 실천가들

**주류 투자자들의 사회책임투자법** 워렌 버핏은 사회책임투자자 / 앨 고어의 또 다른 불편한 진실 / 모리와 샘의 투자법

# 주류
# 투자자들의
# 사회책임투자법

## 워렌 버핏은 사회책임투자자

지난 세기를 풍미했던 투자의 대가들이 많지만 워렌 버핏 앞에서는 왜소하게 보일 뿐이다. 왜냐하면 한때를 명멸明滅했던 투자자들은 많지만 그처럼 반세기 이상을 롱런하면서, 지금도 월스트리트와 시티의 젊은 천재 투자자들을 압도하는 투자자는 없기 때문이다. 그래서 사람들은 그에게 달인Master을 넘어, 철인Oracle이라는 호칭을 붙여 주었다. 투자업계 사람들에게 그는 경모의 대상이 아닐 수 없다. 나 또한 그의 열렬한 팬이었다. 십여 년 전, 그의 투자 원칙과 관련된 책들을 구해서 탐독을 거듭했다. 그의 투자 원칙을 금과옥조로 삼았고, 그의 전략을 전가의 보도인 양 끌어안은 채 모방 투자에 나서기도 했다.

그 후 사회책임투자 일을 하면서 한동안 관심 밖이었던 그를 다시 주목

223

하게 된 것은 2년 전의 일이다. 워렌 버핏이 빌 게이츠와 기자회견을 열고 그의 전 재산 중 83%를 빌 게이츠 자선재단<sub>Bill & Melinda Gates Foundation</sub>에 기부하겠다는 뉴스를 접했던 바로 그 순간이었다. 그 뉴스를 계기로 나는 책장 위에 꽂혀 있던 두 권의 책을 다시 꺼냈다. 《버핏의 투자핵심 *The Essential Buffet*, Robert Hagstrom 지음, 2001》과 《워렌 버핏의 에세이 *The Essays of Warren Buffet*, Lawrence A. Cunningham 엮음, 2008》다. 그런데 이 책들을 읽다가 나는 무릎을 칠 수밖에 없었다. 워렌 버핏의 투자 방식이야말로 사회책임투자, 다른 말로 하면 지속가능투자의 전형이라는 사실을 새삼 발견한 까닭이다.

그것은 흡사 헝클어진 퍼즐이 맞춰지는 순간, 그림의 형체가 온전히 드러날 때 느껴지는 기분과 비슷한 것이었다. 10여 년 만에 다시 접한 그의 투자 원칙은 내가 이제까지 지속가능투자에 대해 느껴 왔던 미완결성을 보완해 주었다. 즉 워렌 버핏의 투자 원칙들과 지속가능투자 원칙들을 맞대어 보니 비로소 '완벽한 투자'의 지평이 내 앞에 열린 것이다. 그의 투자 원칙과 지속가능투자의 원칙이 상당 부분 일맥상통하면서 서로를 지원해 주기 때문이다. 우선 그의 핵심적 투자 원칙들을 보자.

첫째, '장기투자의 원칙'이다. 그는 무덤까지 갖고 갈 주식을 선택한다고 했다. 그가 첨단회사를 꺼리는 근본적 이유는 장기투자를 전제로 하기 때문이다. 즉, 첨단업종들은 사업 내용이 복잡하고, 업황이 변화무쌍하기에 장기적 기업 가치 판단이 불가능하다.

둘째, 그는 '기업의 재무요소뿐만 아니라 비재무적 측면'도 중시한다. 벤저민 그레이엄<sub>Benjamin Graham</sub>에게는 계량화할 수 있는 재무 요인들인 고정자산, 수익, 배당 등에 천착하는 방법을 배웠고, 필립 피셔<sub>Philip Fisher</sub>로부터는 기업의 정성적<sub>定性的</sub> 측면인 R&D 능력, 마케팅, 경영진의 성실성과 정직성 그리고 노사 간의 관계 등을 분석하는 법을 배웠다.

셋째, 투자자는 '주식 보유자Shareholder'가 아니라, '기업의 주인Shareowner'이라는 점을 그는 늘 강조한다. 워렌 버핏은 투자자가 되는 순간 기업가가 된 것이며 따라서 기업가는 변덕스런 주식시장보다는 기업의 현장에 관심을 갖고 경영에 참여해야 한다고 말한다. 그는 그레이엄의 "투자는 사업이다"라는 말이 투자에 관한 최고의 명문장이라고 말하곤 한다.

일반적으로 주식투자와 관련된 지속가능투자의 원칙들은 세 가지로 정리된다. 장기주의, ESG 스크리닝, 경영참여가 그것들이다. 따라서 이 원칙들은 워렌 버핏의 투자 원칙들과 조응照應한다. 장기주의란 현대 금융시장의 단기적 투기화를 막아 주기 위해, ESG 스크리닝은 비재무적 기업 실적에 대한 정성적 분석틀로서, 경영참여는 대리인 위험을 극복하기 위한 지속가능투자의 핵심 원칙으로 제각각 의미를 갖는 것이다.

이렇게 보면 워렌 버핏이야말로 지속가능투자의 간판을 내걸진 않았지만, 어떤 지속가능투자자보다 모범적으로 그 원칙을 따르고 있는 것이다. 거꾸로, 충실한 지속가능투자자는 워렌 버핏의 투자 원칙을 이미 따르고 있는 셈이 된다.

2009년 11월 〈포브스Forbes〉는 워렌 버핏을 세계 2위의 부자로 발표한 바 있다. 그의 재산은 370억 달러(약 40조 원)로, 마이크로소프트의 빌 게이츠에 이은 것이다. 그뿐인가. 세상의 온갖 언론들은 그를 투자에서도, 기부에서도 으뜸으로 인정해 주고, 침실 4개 있는 70만 달러(약 7억 원)짜리 집에 48년째 거주하는 그를 검소함에서도 세계 최고 수준이라고 입을 모은다. 우리에게도 이런 돈 많고 존경받는 부자 철인이 나올 수 있을까. 아마도 그의 투자 원칙을 잘 따르는 지속가능투자자들을 주목해야 할 듯하다.

앨 고어의 또 다른 불편한 진실

영화 〈불편한 진실An Inconvenient Truth〉은 미국의 전 부통령 앨 고어Al Gore가 출연한 영화다. 고어는 이 영화에서 직접 제작한 '지구 온난화 문제를 설명하는 슬라이드 쇼'를 통해 평범한 시민들에게 '전 지구적인 비상사태'에 대한 놀라운 진실을 이야기하고 있다.

그는 말한다. "세상에는 듣기 싫은 진실이 있다. 진실을 알게 되면 그 사실을 인정해야 하고, 그 사실을 인정하면 자신이 변해야 하기 때문이다. 그것은 우리 모두에게 꽤 불편한 일이다."

지금 전 인류, 지구에도 그러한 일이 일어나고 있다. 지구 온난화가 바로 그것이다. 어찌 보면 그것은 시한폭탄 같기도 하다. 과학자들의 가설이 적중한다면 십여 년 내 지구의 기후 체계는 완전히 뒤바뀔 것이라고도 한다. 인류의 소비 행태가 부추긴 이산화탄소의 증가는 빙하를 녹이고, 플로리다 주, 인도, 상하이, 뉴욕 같은 대도시의 40% 이상을 물에 잠기게도 하며 네덜란드는 아예 지도에서 사라지게 할 수도 있다.

제너레이션 애셋 매니지먼트Generation Asset Management라는 회사는 앨 고어가 그의 오랜 친구며 골드만삭스의 CEO를 역임한 데이비드 블러드David Blood와 2004년 4월 설립한 자산운용사다. 그는 자본시장에서도 무슨 불편한 진실을 발견하기라도 한 것일까?

나는 2006년 암스테르담에서 열린 GRIGlobal Reporting Initiatives 컨퍼런스에서 앨 고어의 연설을 들을 수 있는 행운을 얻었다. 그의 연설에서 나는 '또 다른 불편한 진실'을 발견했다. 그것은 '시장의 투기화'와 '회계 방식의 본질적 문제로 인한 비용의 외부성Externality' 문제로 요약해 볼 수 있다.

투기와 투자는 다르다. 사람들은 흔히 투기를 듣기 좋은 말로 '모멘텀 투자'라고 말한다. 그러나 그는 '모멘텀 투자'를 원한다면 차라리 라스베이거스로 갈 것이라고 말한다. 미국에서 30여 년 전 뮤추얼펀드의 평균 주식 보유기간은 7년이다. 그런데 요즘 그 펀드는 11개월마다 100%의 회전율을 자랑한다. 이것은 '모멘텀 투자'라는 그럴듯한 말로 포장되어 있으나 시장이 그만큼 투기화되고 있다는 점을 실증적으로 말해 주는 것이다.

예컨대 기업이 풍력발전 설비투자를 한다면 그 투자에 대한 회임기간은 최소 3년이다. 그런데 투자자들은 다음 분기만을 들여다본다. 이러한 투자자들의 행태는 매우 비정상적이다. 그런데 더욱 큰 문제는 그런 비정상적인 요구에 기업이 장단과 박자를 맞추고 있다는 점이다.

또한 현재의 회계 방식을 살펴보자. 현재의 회계 시스템은 제1차 세계대전과 제2차 세계대전 사이인 1930년대 케인스에 의해 주로 창안되었다. 이 방식은 자본을 측정하는 데는 매우 정교하다. 그러나 자본재 외의 것에 대해서는 어설프다. 자본재가 감가상각되는 데 비해 그 외의 것들에는 그렇지 못하다. 그 방식으론 노동을 측정하는 데도 많은 한계점들이 있다. 환경 측면도 매우 유감스럽다. 아마도 케인스와 같은 거인이 이러한 오류를 범한 데는 그가 식민지 시대 지배국가의 입장에서 살았기 때문일 것이다. 왜냐하면 당시 유럽 국가들은 식민지의 노동력과 자연자원을 거의 무한한 공급의 대상으로 인식했기 때문이다.

현재의 경제발전 모델이 가능한 한 많은 비용을 외부화하려는 것은 어찌 보면 케인스의 유산일지도 모른다. 외부성이란 기업이 창출한 비용을 그 사회가 부담하는 것을 말한다. 따라서 오랫동안 기업들은 외부화를 최대화함으로써 비용을 최소화하고 이익을 극대화하려고 노력해 왔다. 나는 최근 앨 고어의 연설을 메모한 노트를 다시 읽으면서 이런 생각을 해 봤다. 우리 모두는 각자 나름의 불편한 진실을 갖고 있다고. 흡연, 비만, 도박, 지나친 음주, 그리고 욕심과 거짓, 불성실과 교만 등도 그러한 범주에 속할지 모른다. 그 궁극적 폐해를 알지만 그것을 인정하고 바꾸기 위해 지불해야 할 당장의 코스트가 참 불편하고 부담스럽기 때문일 터다.

투자자들도 마찬가지다. 도박과 유사한 투기가 순간의 재미와 스릴을 가져다주지만 그것이 결코 건전한 자산축적으로 이어지지 못한다는 엄연한 진실을 회피하면 안 된다. 진실을 끌어안으면 불편함이라는 비용만 지불하면 되지만 진실을 회피하면 재앙적 손실이 뒤따를 수 있는 것이 주식투자이기 때문이다. 기업도 마찬가지다. 비용을 외부화하면 당장의 결산에는 우호적일지 모르지만 훗날 그것은 부메랑처럼 그들의 결산서에 치명적 흠집을 남길 것이라는 진실에 눈감으면 안 된다. 문제는 미래의 불확실한 비용을 고려하여 현재의 확실한 이익의 유혹을 끊어 내는 것이다. 그 힘은 오직 양심의 세미한 소리를 듣는 것이다.

앨 고어의 연설을 접한 뒤 현재 그가 이끌고 있는 제너레이션 애셋 매니지먼트의 다양한 활동들을 접할 때마다, 그야말로 정치에서 투자의 세계로 성공적인 변신을 한 진정한 사회책임투자자라는 생각이 든다.


## 모리와 샘의 투자법


모리Morley와 샘SAM은 유럽에서 사회책임투자를 대표하는 펀드매니저들이다. 오랜 역사를 갖고 있는 이들 두 펀드매니저들이 어떠한 방식으로 사회책임투자를 실행하며 무슨 문제를 놓고 고민하고 있는지 살펴보면서 우리에게 주는 시사점을 찾아보고자 한다.

모리는 영국 최대 보험회사인 아비바Aviva의 자산을 운용하는 회사로, 현재 그 운용 총액은 우리 돈으로 약 220조 원에 달한다. 이 중 모리는 지난 2000년부터 약 1조 5천억 원을 사회책임투자 방식으로 운용하고 있으며, 현재 이 펀드의 운용 성과는 다른 주류 벤치마크 인덱스들의 수익률을 훨씬 넘어서고 있다.

이러한 성과의 이면에서 이들은 어떠한 노력들을 해 온 것일까? 우선 모리는 "장기적으로 보면 기업의 가치는 '비재무적인 요소들'에 의해 더욱 영향을 받는다"라는 투자철학을 바탕으로 한다. 따라서 이들은 시장의 단기적 변동성Volatility에서 일정한 거리를 유지하며 기업의 지속가능성을 냉정하게 평가할 수 있는 방법 찾기에 몰두해 왔다.

그 결과물로 이들은 최근 정교한 'SRI 매트릭스'를 개발하게 된다. 이 매트릭스는 가로, 세로 각각 5개의 셀들로 배열되어 총 25개의 셀들로 구성되어 있다. 이에 따라 분석 대상 기업들의 생산품과 서비스의 지속가능성 그리고 경영진의 전략 및 정책 등의 지속가능성이 각각 평가된다. 그리고 수치화된 평가 결과에 따라 투자 대상 기업들은 25개의 셀에 각각 위치하게 된다. 이 중 상위 50% 이상 기업들이 주로 투자 대상 기업 리스트에 오르게 된다.

그리고 각각의 셀은 서로 다른 할증 및 할인율이 있다. 즉, 상위 50%에 속하는 기업들은 재무분석에 의한 목표 가격에 각각 다른 할증률이 적용되고, 반면 하위 50%의 기업들이 포트폴리오에 더해진다면 일정한 할인율이 적용된다. 즉, ESG 위험과 기회에 잘 포지셔닝된 기업들에겐 당근을, 그렇지 않은 기업들에겐 채찍을 가하는 것이라고 볼 수 있다.

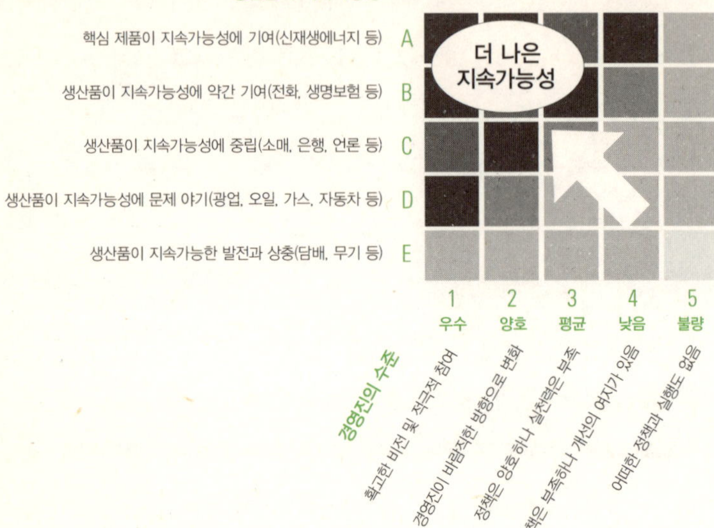


모리는 ESG야말로 전통적 투자자들로부터 무시당하고 있는 이슈이기에 더욱 중요한 요소라고 강조한다. 왜냐하면 그들은 투자의 성공이란 환영받는 다수의 의견이 아니라 홀대받는 소수의 의견에서 서서히 피어나는 것이라고 믿기에 더욱 그렇다. 따라서 그들은 남들이 들여다보지는 않으나 매우 중요한 비관습적 지표들이 바로 ESG라고 주장한다. 그리고 그것들에 깊이 천착한다.

샘SAM은 우리 돈으로 약 160조 원 가량을 투자하며 스위스 취리히에 본부를 둔 SRI 전문 펀드매니저다. 샘이 정의 내리는 사회책임투자란 "장기적인 주주 가치를 창출하는 것"이다. 이것은 곧 그들의 이름처럼 지속가능한 가치인 것이다.

그렇다면 이들은 어떻게 그들의 투자 방식을 차별화하면서 투자 가치를 창출하고 있는 것일까? 우선 이들은 지속가능성 측면에서 동료 기업들을 이끌고 있는 선두 기업들을 판별하려고 노력한다. 그리고 여기서 찾아낸 기업의 지속가능성 요소가 기업의 본질 가치를 결정하는 잉여현금흐름Free Cash Flow과 가중평균자본비용Weighted Average Cost of Capital에 어느 정도의 영향을 끼치는가를 정교하게 분석해 내는 것이다.

이러한 과정에서 이들은 샘의 지속가능성 평가 지표를 만들었다. 이 지표는 다우존스 지속가능성 지수Dow Jones Sustainability Index의 편입 기업을 결정하는 척도로도 활용되고 있다. 여하튼 이들은 위 지표로 평가된 결과가 기업의 본질 가치에 어떻게 이어지고 어떠한 상관성이 있는지를 분석하기 위한 프레임워크를 개발한 것이다.

프레임워크의 이름은 샘의 '지속가능성과 주주 가치의 전달 체계Sustainability and Shareholder Value'이다. 여기서 샘은 지속가능성 지표들(브랜드 관리 능력, 인적 자원 관리, 조직 내의 학습, 탄소 위험 관리, 기업지배구조, IR 등)과 기업의 주주 가치(잉여현금흐름과 WACC) 사이에 6개의 매개변수들을 설정한다. 즉 매출액, 비용, 세율, 투자액, 자본구조, 리스크 프리미엄 등이 바로 그것들이다.

예컨대 브랜드 관리를 잘하면 그것은 매출액에 일정한 영향을 끼치고 매출액은 기업의 잉여현금흐름과 직접 관련된다. 또한 기업지배구조는 기업의 리스크 프리미엄을 낮춤으로써 결과적으로 기업의 자금 조달 코스트를 떨어뜨릴 수 있다고 본다. 이렇듯 기업의 지속가능성은 매개변수들에 의해 기업의 주주 가치와 매우 긴밀하게 연관되고 호응한다는 사실을 쉽게 이해할 수 있다.



사회책임투자의
실천가들

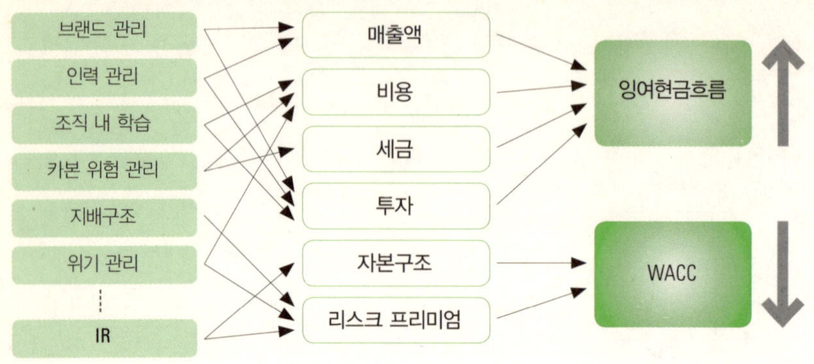


최근 우리나라의 기관투자자들도 사회책임투자에 점차 관심을 갖는 듯 보인다. 다양한 SRI펀드가 등장하는 것을 보면 더욱 그런 것 같다. 이는 펀드투자 시대를 맞아, 다양성 측면에서 매우 고무적인 현상임에 틀림없다. 그러나 진짜 승부는 지금부터라고 생각한다. 이제까지의 SRI펀드들이 막연한 선의善意에 기댔다면 앞으로는 그러한 선의 이상의 초과수익이 있을 수 있다는 사실을 투자의 결과로 입증해 갈 수 있어야 한다. 또한 착한 기업의 기준이 무엇이며 그 기준으로 얻은 결과들을 어떻게 평가하여 그것을 전통적인 투자분석과 연결시킬 수 있는지에 대한 다양한 투자모델의 개발이 시급하다. 모리와 샘처럼 창의적인 분석 프레임워크를 기대해 본다.

나는 몇 년 전부터 새로운 투자 패러다임의 등장에 줄곧 주목해 왔다. 이른바 기업의 환경·사회·지배구조 성과를 투자에 반영하는 투자 패러다임이 바로 그것이다. 이 패러다임은 주변부에서 투자의 중심부, 즉 메인스트림으로 점차 발을 들여놓고 있다. 이는 1992년 자본시장의 대외 개방 이후 다양한 기업의 재무분석 잣대들이 우리 시장에 들어왔던 당시의 상황과 매우 유사하다.

해외의 경우 ESG의 주류화 현상은 더욱 열기를 더해 가고 있다. 2009년 6월엔 블룸버그Bloomberg가 자체적으로 전 세계 3,000개 기업들의 ESG DB를 구축하여 서비스에 나섰고, 역시 같은 해 11월에는 톰슨 로이터Thomson Reuters가 ESG 정보 제공업체인 에셋포ASSET4를 인수했으며, 최근에는 MSCI Reuter가 역시 ESG 정보 제공업체인 리스크메트릭스RiskMetrics를 매수했다.

이 배경에는 유엔 책임투자 원칙 이니셔티브의 비약적인 발전이 어느 정도 영향을 끼친 것으로 보인다. 즉, 전 세계 약 22조 달러의 자산을 보유하고 있는 투자 기관들이 ESG 투자를 도입함으로써 ESG 정보에 대한 수요가 발생하고 따라서 주류투자가들 사이에서 새로운 시장이 형성되고 있기 때문이다. 따라서 블룸버그나 톰슨 로이터 등과 같은 세계적 정보제공 업체들이 이 시장을 그냥 놓칠 리 없다. 주류 셀사이드 투자 기관들도 이 시장을 좌시하지 않는다. 가장 대표적인 투자 기관들이 바로 골드만삭스 Goldman Sachs, 도이치은행Deutsche Bank, 그리고 유비에스UBS 등이다. 이들은 이미 회사 내부에 ESG 분석가들을 채용하여 기업의 ESG 위험과 기회분석 능력을 축적해 가고 있다.

우리나라의 국민연금도 발 빠르게 움직이고 있다. 이미 운용자산 규모로 전 세계 연금펀드 중에 4위권의 거대 연금펀드인 국민연금도 ESG 분석을 주시하고 있다. 즉, 2009년 6월말 기준으로 국민연금의 국내주식 총투자 규모는 32.8조 원으로 전체 시가총액의 약 4.56%를 점하고 있다. 이는 단일투자 기관으로서는 매우 큰 규모다. 또한 국민연금의 경우는 약 600개의 국내 상장기업에 투자하고 있다. 이 중 주식보유 지분율이 5% 이상인 종목만 해도 116개나 되는 것을 보면 거의 전 업종에 걸쳐 투자하고 있는 것으로 판단된다. 따라서 국민연금의 운용 성과는 국내기업 전체의 성과, 즉 KOSPI의 성과에 좌우된다. 부연하자면 그들의 운용 성과는 몇몇 특정 기업들의 성과보다는 국내경제 전체의 성과와 연결Indexation되어 있음을 알 수 있다. 이러한 거대투자자들을 일컬어 보편적 소유자Universal Owner라고 한다. 이들 투자자들은 ESG 분석을 피할 수 없는 하나의 당면과제로 점차 받아들이고 있다.

그러나 이들의 책임투자 원칙은 전통적으로 술, 담배, 포르노, 무기 산업 등 문제 산업을 투자에서 배제하는 전통적인 윤리투자에 기반을 둔 사회책임투자의 관점과는 차별성을 띤다. 즉 전통적 사회책임투자가들이 그들의 가치 체계와 도덕적 기준 등에 따라 네거티브 혹은 포지티브 스크리닝을 실행하는 데 비해, 연·기금을 중심으로 한 책임투자자들은 장기투자자로서 수탁자 책무의 관점에서 ESG 이슈에 접근하고 있는 것이다. 부연하자면, ESG 이슈를 장기적 관점에서의 투자 위험 및 기회요소로 파악하고 있는 것이다.

즉, 보편적 소유자들은 그들이 보유하고 있는 포트폴리오 기업들에 의해 발생하거나, 발생할지 모를 부정적 외부화Negative Externality에 의한 시장실패 요인 등에 대해 심층 분석하며 그 분석 결과를 투자에 반영하고 있다. 또한 그들은 장기투자를 지향함으로써 거시경제적 이슈들(기후변화, 지배구조, 교육 문제, 노사정책, 환경정책, 인구문제 등)에 관심을 갖지 않을 수 없다. 즉 이러한 이슈들이 다음과 같은 두 가지 측면에서 그들의 투자 성과에 영향을 미치기 때문이다.

첫째, 부정적 혹은 긍정적 외부화로 인한 혜택이나 비용이 결국 그들에게 귀속된다는 인식이다. 예컨대 기후변화는 부정적 외부화 비용이 기업들에게 부메랑처럼 내부 비용으로 돌아오는 전형적 사례다. 반면 긍정적 외부화의 사례로서 교육훈련 이슈를 꼽을 수 있다. 즉 전통적 투자의 관점에서, 교육훈련비는 일종의 긍정적 외부화 요인으로 고려될 수 있다. 잘 교육되고 훈련된 종업원들이 다른 회사(경쟁기업 포함)로 이직했을 경우 이미 투여된 비용은 해당 회사가 부담하지만, 결국 그 혜택을 고스란히 외부 경쟁기업이 입을 수 있다는 이유 때문이다.

그러나 보편적 소유자의 관점에서는 이러한 긍정적 외부화를, 경제 전체 수준이 제고되거나, 다른 기업들에게 긍정적인 효과가 발생하는 것으로도 이해되기 때문에 그들 포트폴리오 전체의 관점에서는 이익으로 인식되는 것이다.

둘째, 지속가능한 이슈들인 환경·사회·지배구조 이슈들과 기업의 재무적 성과의 양의 상관관계를 입증하는 다양한 연구 결과물이 속속 발표되고 있다. 이러한 학문적 연구물들은 ESG를 고려하는 것이 결국 최적의 투자 수익을 추구해야 하는 수탁자 책무와도 부합한다는 결론을 뒷받침하며, 대형 연·기금으로 하여금 책임투자 원칙을 수용케 하는 촉매 역할을 하는 것이다. 따라서 국민연금과 같은 대형 연금펀드들은 이런 포괄적 관점에서 ESG 측면의 외부 비용화 문제, 시장 실패 요인 등을 분석하는 책임투자의 원칙을 수용하고 있는 것이다.

실로 상전벽해와도 같은 지각변동이다. 불과 4, 5년 전만 해도 예측할 수 없었던 일들이 현실 세계에서 벌어지고 있기 때문이다. 그러나 이제부터 시작될 변화의 폭과 속도는 더욱 크고 빠르게 전개될 것이다. 이제 ESG 분석을 무시하고 전통적인 투자 방식에만 매달리는 투자자들은 박물관에나 들어가야 할 판이다.

투자란 미래에 대비하는 것이라는 명제에 동의한다면, ESG를 세밀하고 체계적으로 분석하여 투자에 반영하는 것, 그것이 바로 강 건너 불에 대비하고, 소 잃기 전에 외양간을 고치는 현명한 투자가 될 것이다.

워렌 버핏의 스승 벤자민 그레이엄은 말한다.

"투자는 철저한 조사 분석을 통하여 투자 원금의 안정성이 보장되고 만족할 만한 수익이 예상되는 대상에 자금을 투여하는 것이다. 이외의 모든 활동은 투자가 아닌 바로 투기다." _프롤로그 '투자의 우상과 이성-전환시대의 투자 원칙'


밀턴 프리드먼의 글을 분해해서 생각해 보니, 그가 말하는 이익이란 화폐단위로 표시된 돈의 총량 그 자체가 아니다. 그가 말하는 '사회적 책임'이란 단순히 돈만 많이 벌라는 의미가 아니다. '개같이 벌어 정승같이 쓰라'는 우리 식 속담은 더더욱 아니다. 그보다는 돈을 많이 벌되 구겨진 돈은 벌지 말고, 구린 돈도 멀리 하며, 검은 돈은 거부하라는 뜻이었다. 다시 말하면, 법과 게임의 룰을 지키고 정직하게 벌어들이는 최적의 이익이 바로 기업의 사회적 책임이라는 뜻이다.
_'자유시장경제의 구루, 밀턴 프리드먼을 추모하며'


기업의 원초적 사회적 책임은 사회공헌 프로그램에 참여하고 기부금을 내고 환경 구호를 외치며 나무심기에 가담하는 데 있지 않다. 그보다는 그들의 본업 부문에서 법과 규범을 지키며 경제적 가치를 제대로 창출하는 데 있다. 그리고 그러한 과정을 거쳐 불량품이 아닌 우량품을 꾸준히 생산해서 국민경제에 기여하는 데 있다. 즉, 이러한 과정 속에서 기업은 우수한 재화와 용역을 창출함으로써 사회적 편익을 증진하고, 사회적 비용을 낮추며, 일자리를 제공하고, 세금을 납부함으로써 국가 재정에 기여하는 것이다. 따라서 본업에 충실하는 것 이상의 사회적 책임은 어찌 보면 기업에게 사족을 달려는 것과 다름없다. _'증권회사의 원초적 사회책임이란?'

이명박 정부가 실용주의는 곧 '돈'이라고 단정짓고 특유의 밀어붙이기로 일관하는 것 같아서 걱정된다. 또한 덩샤오핑식으로 수단과 방법을 가리지 않고 목표한 결과만 얻으면 된다는 실용주의와 동거한다면 문제는 더 꼬일 것이 분명하다고 본다. 나는 정부의 실용주의가 구시대 논리에 근거하거나 이익 지상주의와 조우하는 것을 경계한다. 왜냐하면 오늘날의 한국 사회는 정당한 부의 축적에는 기꺼이 박수를 보내지만, 당장 돈 되는 것이 곧 쓸모 있는 것이라고 믿을 만큼 그렇게 단순 무식하지 않기 때문이다. _'장기적 실용주의를 제안하며'

장기투자의 교본이 되어 버린 워렌 버핏은 이렇게 말했다. "단기투자를 투자라고 말하는 것은 흡사 원나잇 스탠드(하룻밤의 정사)를 일컬어 로맨스라고 이야기하는 것과 같다"고 말이다. 사회책임투자는 하룻밤의 정사에 취해 있는 자본시장을 향해 투자의 본령으로 돌아가자고 외치는 목소리다. 잠시 잠깐 내 돈만 챙기고 마는 것이 아니라, 멀리 보고, 길게 보며 사회와 기업과 나의 돈이 함께 같은 길을 가자고 말하는 탄원이다. –'투자, 하룻밤 데이트에서 평생 사랑으로'

사회책임투자를 실천한 대표적인 투자자가 바로 워렌 버핏이다. 그는 기업의 본질가치를 분석하여 장기 보유하는 투자자다. 그의 기업분석 내용에 빠짐없이 포함되는 것이 바로 'CEO의 자질 및 도덕성'과 '지배구조의 투명성과 건전성', '평판' 등의 비재무적 요소들이다. _'사회책임투자는 구명조끼의 장거리 수영법'

나는 현명한 녹색투자와 녹색투자의 밸런스 회복을 위해 기업의 환경영향과 관련된 정보 데이터베이스의 구축을 제안한다. "측정하지 못하면 관리하지 못한다"는 말은 적어도 투자에서도 통용되는 금언 중 하나다. 기업의 환경영향에 대한 양적 평가가 가능해야 기업의 환경 리스크 수준을 판별할 수 있기 때문이다. 따라서 측정 근거가 되는 관련 데이터와 정보의 수집 및 구축은 어찌 보면 녹색투자의 첫 단추를 끼는 일과 다름없다. _'진정한 녹색투자의 조건은 위험을 판별하는 것'

사회책임투자는 전 부문을 고루 바라보며 투자하는 것이다. 기업의 다양한 이해관계자이익의 순환구조를 따져서 그 내부에 병목이 존재한다면 그것을 기업 분석에 반영하는 투자다. 따라서 칼 아이칸처럼 단기주주이익에 올인하는 투자자에게도, 현대차처럼 종업원의 단기성과급에 목을 매는 노조에게도 사회책임투자자들은 소리칠 것이다. 과유불급이며 중용의 도를 지키라고. 국제적 단기투기자본의 폐해와 기업 이해관계자의 넘비 현상이라는 두 가지 난마를 단칼에 베어 낼 수 있는 한국 경제의 쾌도난마는 다름 아닌 사회책임투자가 아닐까 싶다. _'칼 아이칸과 현대차 노조 문제의 공통점'

투자와 인권이 동거하기 힘든 개념으로 생각하는 것은 구시대적이다. 세상이 바뀌고 경영 패러다임이 바뀌는 가운데 인권은 더 이상 상아탑이나 시민운동가의 전유물이 아니다. 어쩌면 그것은 투자업계로 한 걸음씩 들어오고 있다. 이런 현상을 깨닫고 인권의 언어를 투자의 언어로 재빨리 해석해서 적용하는 투자자들은 새로운 분석 툴을 갖게 되는 것이다. _'투자자여! 인권도 분석하라'

공공연금의 주식운용 규모가 커지고, 기업연금제도가 본격적으로 확대되고, 적립식 주식형 펀드도 어느 정도 정착되는 상황 등을 고려하면, 우리도 장기성 투자자본과 기업경영이 상호 동등한 입장에서 협조할 수 있는 틀을 짜나가야 한다. 투자자들도 기업의 주인으로서 법으로 보장된 주주 권리를 마음껏 행사할 수 있어야 한다. 그래야 주식시장이 독재 체제에서 참여민주주의 체제로 이행되는 것이다. 그것을 통해 기업은 견제와 균형을 갖춘 건강하고 투명한 기업으로 성장해 나갈 것이다. _'주식시장의 참여민주주의'